DON
BOSCO

Bettina Herrmann • Sybille Wittmann

Fantasiereisen und Entspannungs-Geschichten

Für Kinder von 3 bis 8 Jahren

Mit Musik-CD

DON BOSCO

Gerne nehmen wir Ihre Anregungen, Wünsche, Kritik oder Fragen entgegen:
Don Bosco Medien GmbH, Sieboldstraße 11, 81669 München
Servicetelefon: (0 89) 4 80 08-3 41

Bibliografische Information der Deutschen Nationalbibliothek
Die Deutsche Nationalbibliothek verzeichnet diese Publikation in der Deutschen Nationalbibliografie; detaillierte bibliografische Daten sind im Internet über http://dnb.d-nb.de abrufbar.

1. Auflage 2012 / ISBN 978-3-7698-1928-1

www.donbosco-medien.de
Umschlag und Layout: ReclameBüro, München
Illustrationen: ReclameBüro, München
Satz: Don Bosco Kommunikation GmbH, München
Druck: Don Bosco Druck & Design, Ensdorf

Gedruckt auf umweltfreundlichem Papier

Inhalt

Frühjahr

Steine und Erde
Weizenkorn
Tag und Nacht
Gras
Rose

Sommer

Glühwürmchen
Fische
Regen
Ölbaum
Sonnenblume
Wasser
Segen

Herbst

Wolke
Wind
Adler
Sterben und Auferstehen
Sterne

Winter

Mond
Wunder des Lebens
Atmen
Friede

Wozu Entspannungsgeschichten und Fantasiereisen gut sind

Vom Verlust der freien Zeit

Die eigene Kindheit wird von uns Erwachsenen gerne als verlorenes Paradies oder – um es mit *Astrid Lindgrens* Worten zu sagen – als „entschwundenes Land“ bezeichnet und nostalgisch verklärt. Wir erinnern uns an unbeschwerte Zeiten, in denen wir sorglos in den Tag hineinleben und unsere nähere Umgebung erforschen durften. In unserem persönlichen „Bullerbü“ oder „Nimmerland“ streiften wir durch Wiesen und Wälder, bauten Baumhäuser oder Staudämme und sammelten Schätze, bis uns die Mutter zum Essen rief. Frei von Terminen und Verpflichtungen verbrachten wir endlose Nachmittage mit zweckfreiem Spiel, das uns mit tiefer Befriedigung erfüllte. Gerade in dieser „Freizeit“ konnten wir unsere eigenen Erfahrungen sammeln, unser Weltwissen erweitern und den Dingen auf den Grund gehen.
Mit der Wirklichkeit, wie sie unsere Kinder heute erleben, haben diese Bilder nichts mehr zu tun. Kindheit hat sich zweifelsohne verändert. Nicht nur vollgepackte Terminpläne – nach dem Kindergarten oder der Schule wird zur Ergotherapie, zum Ballett-, Musik- oder Nachhilfeunterricht gehetzt – verhindern das selbstgesteuerte, von den Erwachsenen unkontrollierte Entdecken der Kinder. Auch die Spielorte, die unsere Kinder vorfinden, sind normiert, funktionalisiert und von den Erwachsenen in dem Bestreben arrangiert, jedes Risiko auszuschalten. Wer schickt sein Kind heutzutage noch zum Spielen „auf die Straße“? Kreative Materialien, die zum Ausprobieren und Experimentieren anregen, werden durch ein Überangebot an Spielzeug im Kinderzimmer ersetzt. Das Spielen selbst wird zunehmend von draußen nach drinnen verlagert. Letztlich vermitteln elektronische Medien Erfahrungen aus zweiter Hand,

Fußball wird auf der Konsole gespielt und der Fernseher besetzt die restliche Freizeit.
So ist es kein Wunder, wenn die Kinder völlig „normal“ reagieren: Sie wollen Bewegung, wenn ihnen das Stillsitzen verordnet wird. Sie finden keine (passenden) Worte mehr, wenn sie die vielen Eindrücke nicht mehr im wahrsten Sinne des Wortes be-greifen und verarbeiten dürfen. Sie haben keine Zeit, die Welt wahrzunehmen und ihre Aufmerksamkeit auf das zu bündeln, was sie wirklich interessiert. Verhaltensauffälligkeiten, psychische und psychosomatische Störungen wie Unruhe, Ängste, Schlaflosigkeit – um nur einige zu nennen – sind zunehmend die Folge und zugleich Symptome unserer Gesellschaft, die die kindlichen Erfahrungsräume reglementiert. In dieser hektischen Welt brauchen Kinder mehr denn je Oasen der Ruhe, wo sie abschalten und zu sich selbst finden können. Schenken wir ihnen und uns Zeiten der Stille und der Erholung.

Aus dem Geist der Genesis schöpfen

Unsere Entspannungsgeschichten und Fantasiereisen laden dazu ein, das Kleine, Kostbare und oft Übersehene ganz bewusst wahrzunehmen und vor dem inneren Auge zu einem Schatz werden zu lassen. Indem wir im Geiste durch Gottes Schöpfung der „ersten sieben Tage“ wandern, möchten wir die Kinder – und auch uns Erwachsene – wieder zum Staunen über die ungeheure Vielfalt unserer Welt führen: in ihr zeigt sich die Kreativität des Schöpfergottes. Wenn wir wie Adam die Welt entdecken, den Dingen Namen geben und Bedeutung zumessen, konstruieren wir unsere Wirklichkeit. Die Genesis-Erzählung der Bibel steht dabei nicht im Widerspruch zu den naturwissenschaftlichen Ansätzen über die Entstehung der Welt. Beide Modelle beleuchten unserer Meinung nach in unterschiedlicher Weise den geheimnisvollen Beginn allen Seins. Unsere Geschichten sind inspiriert von den anschaulichen Bildern der religiösen Texte und nehmen diese in ein ganzheitliches Nacherleben und

Nachempfinden hinein. Ziel ist es, den Kindern das Gefühl der Freude über ihre Existenz und ihren Platz in dieser Welt zu vermitteln – gemäß dem roten Faden, der die Schöpfungsgeschichte durchzieht: „Und Gott sah, dass es gut war!“ *(Genesis/1 Mose 1,10 und öfter)*

Johann Wolfgang von Goethe hat den Zusammenhang zwischen dem Einzelnen und dem großen Ganzen folgendermaßen auf den Punkt gebracht: „Alles, was geschieht, ist Symbol, und, indem es vollkommen sich selbst darstellt, deutet es auf das Übrige.“ Wenn wir mit den Kindern auf Fantasiereise gehen und so vermeintlich unscheinbare Dinge wie ein Glühwürmchen oder eine Rosenknospe entdecken, möchten wir zum einen ihren Blick für die kleinen Wunder der Schöpfung schärfen. Zum anderen sind wir Gott auf der Spur, dessen Wesen sich sowohl in der Heiligen Schrift als auch in der Schöpfung offenbart. Das Buch Genesis, in dem Gott die Welt kraft seines Wortes erschafft, dient uns als Grundlage für unsere Begegnungen mit der Natur. Die Wirklichkeit mit den Augen eines Kindes zu betrachten, eröffnet auch uns Erwachsenen neue Perspektiven.

Letztlich ist eine Fantasiereise nichts anderes als ein kreativer Schöpfungsakt: Der „Reiseleiter“ erweckt durch seine Stimme Bilder in den Köpfen seiner Zuhörer. Wie diese Bilder aussehen und in welchem Maße sie die Seele jedes Einzelnen ansprechen, bleibt den Teilnehmern überlassen. Wir wollen kein tradiertes Weltbild präsentieren, sondern die Kinder für die Geheimnisse der Schöpfung sensibilisieren. Da wir uns von Gottes Geist leiten lassen und auf seinen Spuren wandeln wollen, steht jede Fantasiereise unter einem biblischen Motto. Das Buch Genesis liefert uns einen wunderbaren „Reiseplan“, weil es das Universum sinnvoll strukturiert und uns an Stationen führt, bei denen wir verweilen wollen.

Entspannungsgeschichten und Fantasiereisen – zwei Wege, ein Ziel

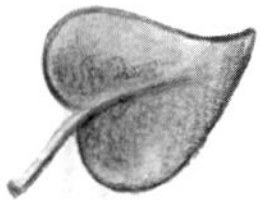

Entspannungsgeschichten als sinnvoller Einstieg ins innere Bild-Erleben

Selbst für uns Erwachsene ist es nicht immer leicht zur Ruhe zu kommen, auch wenn sich die Zeit zum „Abschalten" bietet. Bewusste Entspannung will gelernt sein. Gerade Kinder müssen behutsam mit den Formen der Meditation vertraut gemacht werden. So können sie ein Bewusstsein für ihr Selbst, ihre Gefühle und körperlichen Wahrnehmungen entwickeln. Dafür sind zum Einstieg die Entspannungsgeschichten in diesem Buch gut geeignet, weil vielen Kindern das konzentrierte Zuhören aus Vorlesesituationen bereits vertraut ist. Eine Identifikationsfigur, Tina, nimmt die jüngeren Kinder (vier bis sechs Jahre) buchstäblich an die Hand, um mit ihnen bekannte Situationen ihrer Lebens- und Spielwelt neu zu entdecken und allmählich einen Perspektivenwechsel zu vollziehen. Der Name der „Protagonistin" kann selbstverständlich verändert werden. Durch die wiederholte Begegnung mit „Tina" wird den Kindern der Weg zu einer tieferen – spirituellen – Denkweise nach und nach eröffnet. Der Bezug zu einem Gottesbild im Kind sowie der Sinn- und Glaubensdimension der Geschichten soll dabei behutsam und entwicklungsgemäß aus den vertrauten Erfahrungen im Zusammenhang mit der angegebenen Bibelstelle entstehen *(vgl. Oser 1994)*.

Fantasiereisen für „Fortgeschrittene"

Im Unterschied zu den Entspannungsgeschichten wendet sich der „Reiseleiter" bei den Fantasiereisen in diesem Buch direkt an jeden einzelnen Teilnehmer. Das wird schon in der Wahl des entsprechenden Personalpronomens ersichtlich – durch die Du-Anrede erfolgt ein unmittelbarer Zugang, jede und jeder darf und soll sich gleichermaßen angesprochen fühlen. Um die Identi-

fikation zu erleichtern, werden Fantasiereisen deshalb normalerweise in der 2. Person Singular formuliert. Das entspricht auch dem Wunsch des „Reiseleiters“, der alle Kinder persönlich einladen und zu einer Reise mitnehmen möchte. Auch wenn wir als Gruppe ein und dasselbe Ziel ansteuern, wird jedes Kind seine individuellen Bilder sehen und unterschiedliche Erfahrungen machen. Aus diesem Grund wäre die Wir-Form ungeeignet, weil die Reisen ja im Kopf der Kinder stattfinden und die eigene Fantasie beflügeln sollen. Da dies ein höheres Maß an Vorstellungskraft erfordert, sind die Fantasiereisen auch aufgrund des sprachlichen Niveaus eher für ältere Kinder gedacht (Zielgruppe sind hier vor allem die Sechs- bis Achtjährigen).
Die Kinder werden fremde und vertraute Orte entdecken und Gegenstände aus einer neuen Perspektive betrachten. Im Wahrnehmen der kleinen Dinge schärfen sie ihren Blick für das große Ganze. Die positiven Botschaften, die am Ende jeder Fantasiereise stehen, enthalten den spirituellen Kern der Geschichte. Durch die Du-Form werden sie jedem einzelnen Kind ans Herz gelegt.
Unsere Fantasiereisen sollen nicht nur kurzzeitig für Entspannung sorgen, sondern längerfristig eine positive Lebenseinstellung vermitteln. Sie bieten außerdem die Gelegenheit, sich mit einzelnen Themen näher zu beschäftigen und Verhaltensmuster zu hinterfragen (insbesondere wenn Geschwister, Freunde oder Eltern in der Geschichte auftauchen).

Fantasiereisen können der konkreten Gruppe angepasst werden

Was den Umfang betrifft, variieren die Fantasiereisen je nach Thema. Auch die angegebenen Zeitangaben können nie ganz exakt sein, weil jeder Vortragende sein eigenes Sprechtempo finden muss. Unverzichtbar sind auch die Pausen, die nach jedem Vers bzw. nach Sinneinheiten einzuhalten sind. Außerdem dauert es bei Kindern in einer Gruppe erfahrungsgemäß eine Weile, bis jeder einen bequemen Platz gefunden hat und bereit für eine Meditation ist. Unser Buch bietet sowohl kürzere Reisen mit eher beschreibenden Elementen an (z.B. „Sonnenblume“, „Rose“) als auch längere Reisen, in denen Geschichten erzählt oder Situationen ausgemalt werden (z.B. „Wunder des Lebens"). Natürlich kann der „Reiseleiter" die Texte je nach Bedarf kürzen, umgestalten oder ausweiten. Womöglich verspüren die Kinder im Laufe der Zeit selbst den Drang, eigene Reiseziele festzulegen oder sich ganze Geschichten auszudenken. Der Fantasie sind bekanntlich keine Grenzen gesetzt und spätestens dann haben wir unser Ziel erreicht.

So geht's – zum Aufbau der Fantasiereisen und Entspannungsgeschichten

Auswahlhilfen zu Thema, Dauer und Impulsen zur Weiterarbeit

Damit Fantasiereisen ihre entspannende Wirkung entfalten können, benötigen sie einen klaren Ablauf. Im Vorspann jeder Reise erläutern wir kurz, wie wir das jeweilige Thema verstehen bzw. welche Bilder uns in den Sinn gekommen sind, damit sich die „Reiseleiterin" bzw. der „Reiseleiter" vorab mit dem Weg vertraut machen kann. Darüber hinaus finden sich dort Angaben zur Zeitdauer, zu Einsatzmöglichkeiten und Tipps zur kreativen Nachbereitung.

Vorbereitete Umgebung, musikalische Begleitung, Einsatz der Musik-CD

Um den Kindern den Einstieg in die Texte zu erleichtern, ist es hilfreich, eine ansprechende Atmosphäre zu schaffen. Neben Kissen oder Decken, einer „Stille-Kerze" oder einem leicht abgedunkelten Raum unterstützt auch Musik sowohl den Vortrag als auch die Imagination. Auf der Begleit-CD in diesem Buch gibt es zu den Texten eine Vertonung, die passend zum Thema komponiert wurde. Selbstverständlich können je nach Vorliebe auch klassische Werke oder Meditationsmusik als Hintergrundmusik herangezogen werden. Geeignete Vorschläge haben wir zusätzlich im Vorspann der jeweiligen Entspannungsgeschichte oder Fantasiereise angegeben. Da die Musikstücke im

Allgemeinen von ausreichender Länge sind, können sich die Kinder vor Reisebeginn einhören und zur Ruhe kommen. Je nach individuellem Vorlesetempo variiert jedoch die Übereinstimmung von Text und Musik. Das Einschalten der „Repeat-Taste" des Abspielgeräts ermöglicht einen allmählichen Ausklang, nachdem der Vortrag zu Ende ist. Allerdings bietet auch ein rein verbaler Abschluss der Geschichte ohne musikalische Untermalung eine besondere Form der Intensität – insbesondere, wenn die innewohnende spirituelle Botschaft mit den Kindern im Anschluss thematisiert wird. Wir empfehlen, sich die Geschichten im Vorfeld einmal im Zusammenklang von Text und Musik selbst laut vorzulesen, um ein Gespür für die dramaturgische Wirkung der inhaltlichen Höhepunkte oder für die Pausentechnik zu entwickeln und seinen eigenen Vortragsstil zu finden.

Zum Vortrag der Texte

Erst wenn alle Kinder aufnahmefähig sind, trägt „die Reiseleiterin" oder „der Reiseleiter" mit ruhiger Stimme den Text vor, der natürlich auf die Bedürfnisse der Gruppe abgestimmt bzw. nach eigenen Vorstellungen verändert werden kann. Die Geschichten beginnen mit einer einfachen Ausgangssituation, die den Kindern vertraut sein dürfte und die ihnen ausreichend Gelegenheit zur Entspannung bietet, was durch entsprechende Aufforderungen unterstützt wird. Mit Hilfe vieler Sinneseindrücke gleiten wir (unmerklich) hinüber in unsere Fantasiewelt und nähern uns Schritt für Schritt unserem jeweiligen Ziel(objekt). Dies gelingt am besten, wenn die Sprecherin/der Sprecher ein gleichmäßiges Tempo wählt und an wichtigen Stellen Pausen einlegt, damit sich im Kopf die Bilder entfalten können. Am Ende der Fantasiereise werden die Teilnehmer im Rahmen der sogenannten Rückholphase von dem Erwachsenen mal behutsamer, mal abrupter „geweckt", damit sie ins Hier und Jetzt zurückfinden können.

Spirituelle Botschaft

Bevor wir die Kinder entlassen, möchten wir ihnen noch eine spirituelle Botschaft mit auf den Weg geben. Dies geschieht in Form eines einfachen Satzes, der am Ende jeder Fantasiereise steht. Er enthält die „Reiseerfahrung" in gebündelter Form und soll den Kindern Mut machen für ihre eigenen Lebenswege. Gleichzeitig liefert er einen Gesprächsimpuls für die letzte Phase, bei der jeder Teilnehmer von seinen Eindrücken und Gefühlen berichten darf. Im Nachhinein kann das Thema auf unterschiedliche Weise vertieft werden (vgl. dazu die Anregungen im Vorspann der betreffenden Reise oder Geschichte). Je intensiver sich die Kinder einer Sache widmen dürfen, desto bleibender werden die Erinnerungen sein.
Auch für uns Erwachsene bieten die Fantasiereisen und Entspannungsgeschichten noch einmal die Möglichkeit, unserem inneren Kind zu begegnen. Wir laden Sie herzlich zu einer Rückkehr in das „entschwundene Land" Ihrer Kindheit ein.

Um ein Kind auf den Weg zu bringen, den es einschlagen sollte,
reise hin und wieder selbst dort entlang.
Josh Billings (1818–1885)

Gute Reise wünschen Bettina Herrmann und Sybille Wittmann.

Glühwürmchen

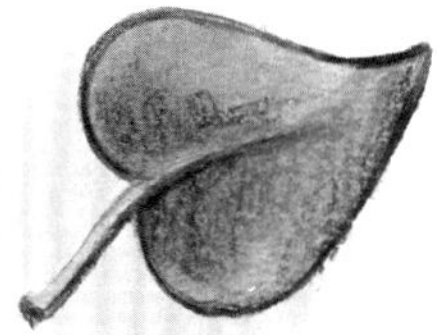

Entspannungsgeschichte

Thema	Glühwürmchen, (Lebens-)Licht, Energie
Zeitbedarf	ca. 5 Minuten
Inhalt	Das Glühwürmchen verdeutlicht als „Urfunken“ den Beginn aller Existenz im Sinne einer Lebensenergie, die den Zustand des Nicht-Seins beendet. Für das Mädchen Tina ist diese erstmalige Begegnung mit dem geheimnisvollen Licht wie ein Wunder.
Bibel-Hinweis	„Gott sprach: Es werde Licht!“ *(Genesis 1,3)*
Einsatzmöglichkeiten	Zur Sommerzeit: Glühwürmchen tanzen im Juni und Juli durch die Dämmerung und Nacht; als Einschlaf-Fantasiereise bei Kindergarten-Übernachtungen oder zum Mitgeben für Eltern bei Einschlafstörungen; beim sommerlichen Kindergartenfest oder bei einer Nachtwanderung.
 **Vorschlag zur musikalischen Untermalung**	Begleit-CD Nr. 1 („Glühwürmchen“); außerdem: „Clair de Lune“ von *Claude Debussy*

Impulse zur Vertiefung

- mit Taschenlampen Glühwürmchen darstellen und durch die Dunkelheit tanzen
- aus Transparentpapier, Kleister und Luftballons dünne Lampions basteln, mit Glitzerfolie, -stiften und -steinen als Junikäfer verzieren

Als Tina gerade einschlafen will, spürt sie ein sanftes Rütteln an ihrer Schulter. Mutter steht vor ihrem Bett und streichelt ihr leicht über den Kopf. „Tina, steh auf, ich muss dir etwas Besonderes zeigen!"
Tina blinzelt mit ihren Augenlidern. Sie wollen immer wieder zufallen, sie ist doch so müde! Ihre Arme und Beine sind ganz schwer und möchten lieber liegenbleiben.

Im Haus ist schon dunkel und die Mutter hat auch kein Licht gemacht. Langsam führt die Mutter Tina an der Hand in den Garten. Tina kann erst gar nichts erkennen, aber dann sieht sie doch zwei Stühle, die mitten auf dem Rasen stehen.

„Setz dich hier hin und sei ganz leise, du wirst staunen!", flüstert die Mutter.
Tina spürt das feuchte Gras an ihren nackten Füßen. Die Nachtluft streicht lauwarm über ihren Hals und durch ihr leichtes Nachthemdchen. Die Mutter setzt sich neben Tina auf den Stuhl und legt ihr die Hand auf den Rücken. Das fühlt sich gut an. Sie braucht keine Angst zu haben in der dunklen Nacht. Ganz ruhig ist es im Garten. Nur das leise Rascheln der Blätter und das feine Zirpen einer Grille im Schatten der Bäume sind zu hören.
Tina blickt nach oben. Über ihr blinken die Sterne. Alles fühlt sich ganz groß und weit an. Tina wartet und wundert sich, was jetzt wohl passieren wird. Mutter rührt sich nicht.

Plötzlich schwebt ein winziges leuchtendes Pünktchen auf sie zu. Auf und ab tanzt es in der Dunkelheit. Mal glüht es blau, dann türkis, dann grün. Im nächsten Moment sieht es aus, als ob jemand das Licht wieder ausgeknipst hätte. Erst hält Tina erstaunt den Atem an, dann atmet sie vorsichtig weiter. Immer mehr Leuchtpünktchen wirbeln wie kleine Sterne in der Luft um sie herum.
„Was ist das?“ flüstert Tina.
Die Mutter antwortet fast unhörbar: „Glühwürmchen!“
Die beiden wagen nicht, sich zu bewegen. Immer näher kommt der kleine Schwarm. Tina traut ihren Augen nicht: Ein Käferchen landet sogar auf ihrer Hand! Es glüht nur für sie allein und erstrahlt in allen seinen Farben.

Tina spürt die Energie wie kleine Wellen, sie kribbelt ganz fein auf ihrer Haut, strömt in ihren Arm, von dort in ihre Brust und ihren Bauch bis in die Zehenspitzen hinunter. Tina genießt diesen kostbaren Augenblick, bis sich das Glühwürmchen mit einem letzten langen Blinken von ihr verabschiedet und zu seinen Freunden fliegt. Langsam verschwinden die Pünktchen wieder in der Nacht. Tina folgt ihnen mit den Augen, bis sie nicht mehr zu sehen sind.

Da streichelt die Mutter erneut über ihren Rücken und Tina merkt, dass das kein Traum war. Sie reckt ihre Arme, die schon ganz eingeschlafen sind. Noch einmal blickt sie auf ihre Hand, auf dem das Glühwürmchen gesessen hat und erinnert sich an das schöne Gefühl.
Dann führt die Mutter Tina zurück ins Haus, in ihr Zimmer, wo das kuschelige Bett auf sie wartet.
Kurz bevor Tina einschläft, hört sie die Mutter sagen: „Auch du hast so ein Lebenslicht in dir!“

Tag und Nacht

Fantasiereise

Thema Zeit, Zeitgefühl, Tages- und Nachtrhythmus, Wechsel aus Anspannung und Erholung

Zeitbedarf ca. 6 Minuten

Inhalt Wir lassen auf einer imaginären Zeitreise eigene und fremde Aktivitäten bei Tage und in der Nacht Revue passieren und lernen etwas über die Notwendigkeit von Ritualen, festen Zeitstrukturen und Erholungsphasen.

Bibel-Hinweis

- „Gott schied das Licht von der Finsternis und Gott nannte das Licht Tag und die Finsternis nannte er Nacht. Es wurde Abend und es wurde Morgen ..." *(Genesis 1,4–5)*
- „So spricht der Herr: So gewiss ich meinen Bund mit dem Tag und mit der Nacht und die Ordnungen von Himmel und Erde festgesetzt habe, so sicher werde ich auch die Nachkommen Jakobs und meines Knechtes David nicht verwerfen." *(Jeremia 33,25–26)*
- „Ihr erinnert euch, Brüder, wie wir uns gemüht und geplagt haben. Bei Tag und Nacht haben wir gearbei-

tet, um keinem von euch zur Last zu fallen ...“
(1. Thessalonicherbrief 2,9)

Einsatzmöglichkeiten Jederzeit; ältere Kinder können auch animiert werden, die Reime im Mittelteil zu erraten bzw. eigene Verse zu ihrem Tagesablauf zu verfassen.

Vorschlag zur musikalischen Untermalung Begleit-CD Nr. 2 („Tag und Nacht“); außerdem: „Glockenklang“ aus der „Lyrischen Suite“ von *Edvard Grieg;* „Sinfonie mit dem Paukenschlag“ von *Joseph Haydn*

Impulse zur Vertiefung

- Uhrenkanon („Große Uhren machen tick, tack, kleine Uhren ...“) singen
- eine Uhr basteln und mit passenden Symbolen bemalen
- Schlaginstrumente ausprobieren
- Uhren und Metronome in Augenschein nehmen
- Abzählreime lernen und aufsagen (z.B. „Morgens früh um sechse ...“)
- einen Besuch bei einem Uhrmacher organisieren
- Karussellfahren

„Jetzt schlaf schon, es ist höchste Zeit! Morgen müssen wir beide früh aufstehen.“
Mama zeigt auf den Wecker, der neben deinem Bett steht. Sie gibt dir noch einen Gute-Nacht-Kuss, schaltet die Deckenbeleuchtung aus und verlässt das Zimmer. Auf einen Schlag ist es ganz dunkel geworden. Nur die Ziffern auf dem Zifferblatt der Uhr leuchten. Der Sekundenzeiger dreht seine Runden, klettert nach unten, dann wieder hinauf. Sein Ticken macht dich ganz schläfrig.

Tick und Tack und hin und her,
die Augen werden jetzt ganz schwer.
Du klappst die Lider friedlich zu
und fällst in eine tiefe Ruh.
Die Zeit vergeht so herrlich schnell
auf diesem Zeiger-Karussell.
Die Uhr zeigt acht, schon ist es Nacht,
der Fuchs in seinem Bau erwacht,
streift einsam durch den dunklen Wald,
von fern ein Käuzchenruf erschallt.
Die Uhr schlägt neun und dann schon zehn –
was wohl die Großen jetzt noch sehn?
Sie trinken Bier und auch mal Wein
und schlafen vor dem Fernseher ein.

Tag und Nacht

Um elf dreht der Nachbar mit dem Hund eine Runde,
um Mitternacht beginnt die Geisterstunde.
Dann fliegen Gespenster durch den Raum
oder geistern durch so manchen Traum.
Schlag eins ist dann der Spuk vorbei,
in Diskos tanzt man zwischen zwei und drei.
Wer steigt auf die Dächer nachts um vier?
Nachbars Kater streunt durch sein Revier.
Um fünf durchbricht eine Sirene die Nacht,
ein Verletzter wird ins Krankenhaus gebracht.
Schlag sechs gehn die ersten Lichter an,
für Frau und Mann fängt die Arbeit an.
Um sieben müssen auch die Kinder aufstehen,
frühstücken, Zähneputzen, in die Schule gehen.
Um acht beginnt der Unterricht,
Unpünktlichkeit schätzen Lehrer nicht.
Um neun müssen wir im Kindergarten sein,
denn Erzieherinnen spielen ungern allein.
Um zehn packen alle ihre Brotzeit aus
oder toben sich auf dem Pausenhof aus.
Um elf wird wieder eifrig studiert
oder gemeinsam ein neues Spiel ausprobiert.
Die Zeit bis Mittag vergeht wie im Flug,
und denkt man dann: „Jetzt ist es genug!"
ruft die Glocke alle zum Mittagstisch –
hoffentlich gibt's heute Nudeln und nicht Fisch!
Um zwei sind dann die Hausaufgaben dran,
damit man die Freunde noch sehen kann.
Um drei stehen die ersten schon vor der Tür.
Heute geht es leider nur bis vier,
denn dann fängt das Fußballtraining an,

das man doch nicht versäumen kann!
Um fünf spritzt du dich unter der Dusche nass,
das macht jedesmal einen Heidenspaß.
Um sechs bist du dann endlich zu Haus,
dann ruhst du dich auf dem Sofa aus.
Du packst den Rucksack für Morgen ein,
schlingst dein Abendbrot um sieben hinein,
schaust KiKa im Fernsehen, doch höchstens bis acht,
denn dann heißt es wieder „Gute Nacht!“
Tick und tack und hin und her,
die Augen werden jetzt ganz schwer ...

„Guten Morgen, Schatz, raus aus den Federn! Ich muss doch heute in die Arbeit.“ Mama zeigt auf den Wecker, der neben deinem Bett steht. Sie gibt dir einen Kuss, tätschelt aufmunternd deine Wange und schaltet die Deckenbeleuchtung an.
Du gähnst laut und reibst dir die Augen. „Muss ich denn jetzt schon raus? Ich bin noch so müde!“
Mama sagt: „Heute haben wir beide ein volles Programm. Aber am Abend machen wir es uns richtig gemütlich. Wir holen eine Pizza und du erzählst mir, was du heute alles gemacht hast, einverstanden?“
Du nickst und schwingst dich aus dem Bett. Lass dich überraschen, was Gott heute für dich bereithält!

Wasser

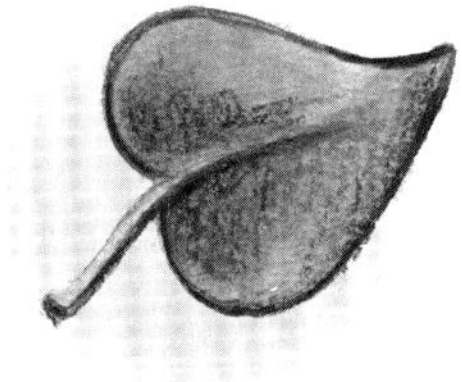

Entspannungsgeschichte

Thema
Wasser als Lebensspender, Reinigung und Erfrischung, außerdem: Ausblick gewinnen, Loslassen

Zeitbedarf
ca. 6 Minuten

Inhalt
Bei einem Schulausflug erfährt Tina die Bedeutung des Wassers als Leben spendendes, aber auch bedrohliches Element und kann sich durch seine Fließkraft von einem akuten Problem, das sie belastet, lösen.

Bibel-Hinweis
- „Dann sprach Gott: Das Wasser sammle sich an einem Ort, damit das Trockene sichtbar werde. Das Trockene nannte Gott Land und das angesammelte Wasser nannte er Meer.“ *(aus Genesis 1,9–10)*
- „Gott trägt unsere Last bis ans äußerste Meer.“ *(nach Micha 7,19)*

Einsatzmöglichkeiten
Im Sommer bei einem Ausflug; zum Thema „Erfahrungen und Umgang mit Wasser“, nach dem Urlaub.

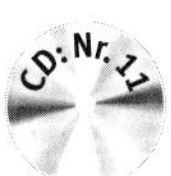

Vorschlag zur musikalischen Untermalung
Begleit-CD Nr. 11 („Fische“); außerdem: „The Watermill“ von *Ronald Binge*

Impulse zur Vertiefung

- Sinnespfad mit Steinen, Sand und Wasser bauen
- Bedeutung der Taufe, Weihwasser, Reinigungsrituale in anderen Religionen erklären
- Bau eines Wasserrades aus Sperrholzbrettchen

Dort bei den Bänken machen wir Rast!“, ruft Frau Mielke ihrer Gruppe zu. Die Kinder jubeln und rennen schnell in den kühlen Schatten der hohen Bäume. Auch Tina ist froh, dass sie nun ein bisschen verschnaufen darf. Die Wanderung entlang des munteren Baches hat nun schon einige Zeit gedauert und ihre Füße tun ihr langsam weh. Die Sonne, die an diesem herrlichen Ausflugstag vom Himmel lacht, hat sie zum Schwitzen gebracht.
Tina sucht sich ein schönes Plätzchen und stellt ihren Rucksack ab. Als erstes packt sie die Wasserflasche aus. Durstig hält sie sie an ihre Lippen und spürt, wie das erfrischende Nass mit einem leichten Perlen ihre Kehle hinunterrinnt. Das Wasser schmeckt köstlich, obwohl gar kein Geschmack darin ist. Frau Mielke hatte in der Vorbesprechung den Kindern erklärt: „Von süßer Limonade bekommt ihr nur noch mehr Durst!“ Tina nimmt gleich noch einen großen Schluck, bis es in ihrem Bauch gluckst und er sich wie ein kleiner Ballon anfühlt. Sorgsam schraubt sie den Deckel wieder auf die Flasche, damit nichts von der kostbaren Flüssigkeit an diesem heißen Tag verloren geht.

Da sieht sie, wie Oliver und Alex eine Wasserschlacht machen. Erst schütteln sie ihre Flaschen heftig, dann drehen sie die Verschlüsse ein wenig auf und spritzen sich mit der kleinen Wasserfontäne nass. Die Tropfen funkeln in den Sonnenstrahlen, die durch die Bäume fallen. Tina kann sogar kurz einen kleinen Regenbogen erkennen – ein grün-gelber und rosafarbener Hauch huscht durch die Luft.
„Spart euch das Wasser lieber für später! Abkühlen könnt ihr euch auch im Bach!“, ermahnt Frau Mielke die beiden Lausbuben.

Die Kinder spitzen ihre Ohren. „Dürfen wir wirklich?“ – „Ja! Zieht eure Socken aus und steckt sie in eure Schuhe! Und dass ihr mir nicht hineinfallt!“ Frau Mielke lacht über die aufgeregte Stimmung. Jetzt weiß Tina, warum sie kurze Hosen anziehen und ein kleines Handtuch mitnehmen sollte.

Nur einen Moment später gleitet sie barfuß die leichte Böschung zum Bach hinunter. Er ist an dieser Stelle ganz flach und plätschert fröhlich über die Steine. Vorsichtig taucht Tina ihren Fuß in das Wasser. Puh, das ist aber kalt! Sie wackelt mit den Zehen, bis sie sich an die Temperatur gewöhnt haben.
Jetzt wagt sie einen Schritt in das Bachbett hinein. Die Steine sind ganz schön glitschig! Tina spürt die runden und die kantigen Formen der Kiesel an ihrer Fußsohle und ertastet sich so einen Weg zu einem großen Felsen, der mitten im Bach aus dem Wasser ragt. Dabei breitet sie ihre Arme aus, um das Gleichgewicht zu halten. Die Strömung des Wassers zupft an ihren Knöcheln und bildet kleine Schaumbläschen.
Plötzlich tritt sie in eine schlammige Mulde, in der ihr Fuß versinkt. Das Wasser reicht ihr hier schon an die Waden. Tina bekommt einen Schreck, aber mit einem Satz rettet sie sich auf den sicheren Felsbrocken.
Gerade zur rechten Zeit: Jetzt merkt sie, dass ihre Zehen ganz taub vor Kälte sind. Aber die Sonne und die Wärme des Steins lösen die Erstarrung. Bald fängt die Haut zu kribbeln an.
Tina geht auf ihrer kleinen Insel in die Hocke. In einem fort fließt das Wasser an ihr vorbei.

Ein kleines Blatt treibt auf der Oberfläche, bleibt kurz an ihrem Stein hängen und wirbelt mit der nächsten Welle weiter. Tina blickt ihm nach, bis sie es nicht mehr sehen kann. Wohin seine Fahrt wohl geht? Vielleicht fährt es in der Mühle, die sie vorhin besichtigt haben, auf dem riesigen Rad. Bestimmt wird es unter der großen Brücke hindurchschwimmen, von der die Kinder Steine ins Wasser geworfen haben. Dann wird es von dem trägen Strom des großen Flusses aufgenommen werden. Sachte wird er das kleine Blatt in Rich-

tung Meer schaukeln, vorbei an den Lastkähnen, an alten Burgen und großen Städten. Eines Morgens wird es von hellem Möwengeschrei begrüßt werden und die weite, blaue Wasserfläche wird vor ihm liegen mit seinen Stränden in fernen Ländern.
„Gute Reise", flüstert Tina und schickt gleich noch ihren Herzenswunsch hinterher, dass sich der Streit mit ihrer Freundin Samira wieder klären möge.

„Wir retten dich!", ruft Samira, als sie Tina winkend auf dem Felsen entdeckt. Eifrig schleppen die Mädchen große Äste aus dem Dickicht herbei. Die Jungen schichten sie mit schweren Steinen im Bach neben- und übereinander. Schon nach kurzer Zeit hat sich der Bach hinter dem von den Kindern gebauten Damm angestaut. An manchen Stellen bildet er eine klare, ruhige Fläche, durch die man bis auf den Grund blicken kann. Daneben schießt die Strömung in einem kleinen Wasserfall über die Steine. Tina beobachtet von ihrem trockenen Standort das rege Treiben ihrer Freunde und gibt wie eine Baumeisterin Anweisungen. Als alles fertig ist, balanciert sie leichtfüßig zum Ufer zurück.

„Kinder, kommt, wir wollen weiter!", sammelt Frau Mielke ihre Gruppe. „Schade, es doch so schön hier!", murren einige. Aber bald haben alle wieder ihre Strümpfe und Schuhe angezogen.
Als Tina ihren Rucksack schultert, fühlt der sich ein bisschen leichter an. Das liegt bestimmt nicht nur daran, dass sie ihren Proviant gegessen und getrunken hat. Das lebendige Wasser des Bächleins hat auch eine andere Last davongetragen.

Ölbaum

Fantasiereise

Thema Ölbaum als Bild für Kraft, Erholung, Frieden, Gottesnähe

Zeitbedarf ca. 5 Minuten

Inhalt Wir erklimmen einen Gipfel und ruhen uns im Schatten eines Ölbaums aus, der uns mit neuer Kraft erfüllt und uns die Gegenwart Gottes erahnen lässt.

Bibel-Hinweis

- „Dann sprach Gott: Das Land lasse junges Grün wachsen, alle Arten von Pflanzen und von Bäumen, die auf der Erde Früchte bringen mit ihrem Samen darin." *(aus Genesis 1,11)*
- „Gegen Abend kam die Taube zu ihm zurück und siehe da: In ihrem Schnabel hatte sie einen frischen Olivenzweig." *(Genesis 8,11)*
- „Ich aber bin im Haus Gottes wie ein grünender Ölbaum; auf Gottes Huld vertraue ich immer und ewig." *(Psalm 52,10)*

Einsatzmöglichkeiten Am besten im Sommer (kurz vor den Sommerferien), z. B. zur Einstimmung auf bzw. als Ersatz für eine Urlaubsreise in den Süden; im Rahmen der Erstkommunionvorbereitung; als Auftakt für eine religiöse Einheit zur Arche Noah.

Vorschlag zur musikalischen Untermalung

Begleit-CD Nr. 3 („Ölbaum"); außerdem: „Die Alpensinfonie" von *Richard Strauss*, griechische Sirtaki-Klänge

CD: Nr. 3

Impulse zur Vertiefung

- Oliven bzw. Olivenbrot mit Olivenöl verzehren
- an echtem Chrisam riechen
- einen kleinen Olivenbaum pflanzen
- aus Olivenzweigen einen (Sieger)kranz flechten
- einen botanischen Garten besuchen
- einen Kirchenbesuch unternehmen
- eine Bergtour machen (vielleicht sogar mit einer Bergmesse)

Wo bleibst du denn?", ruft Vater ungeduldig. Er hat den Hügel mit der weißen Kapelle bereits erklommen und winkt dir aus der Ferne zu.
Vor dir macht der steinige Weg eine letzte scharfe Kurve. Deine Füße schmerzen. Mühsam setzt du einen Schritt vor den anderen. Die Sonne brennt erbarmungslos herunter. Deine Zunge klebt am Gaumen.
Mit letzter Kraft schleppst du dich auf den Gipfel und lehnst dich erschöpft an den großen Baum, der wie eine Säule neben der Kapelle in den Himmel ragt.

Dein Herz schlägt immer noch schnell. Du atmest tief ein und aus und lässt die Strapazen des Aufstiegs hinter dir.
Der Stamm gibt dir Stütze und Halt. Die raue Rinde drückt sich in deinen Rücken.

Ölbaum

Du schließt deine Augen und spürst die Ruhe und Kraft, die dieser uralte Baum ausstrahlt.
Deine Hand tastet über den staubigen Boden und bleibt an einer dicken Wurzel hängen, die fest in der Erde verankert ist. Du streichst mit deinen Fingern darüber. Dieser Baum hat sich in Jahrhunderten geformt, hat dem Sturm getrotzt und lange Dürrezeiten überstanden.

Du lauschst auf die Geschichten, die der Baum dir zuraunt. Geschichten von Menschen, die sich auf die Suche gemacht haben, die ihrer inneren Stimme gefolgt sind, die Abenteuer erlebt und ein neues Ziel gefunden haben. Der Baum erzählt von ihren Ängsten, ihren Hoffnungen und ihren Träumen, die sich auf wundersame Weise erfüllt haben.
Ob der Baum auch deinen Weg kennt? Wo wird dein Weg dich hinführen? Wirst du neue Horizonte erblicken und ins Land deiner Träume gelangen? Im Schatten dieses Baumes scheint alles möglich zu sein.
Die Zweige rauschen sacht. Frischer Wind streicht über deine Wangen.

Plötzlich hörst du ein Flattern über dir. Du schlägst die Augen auf, richtest den Kopf nach oben und erblickst eine weiße Taube, die sich auf einem der Äste mit dem silbrig glänzenden Laub niedergelassen hat.
Sie wiegt sich im Wind, gurrt leise, öffnet ihren Schnabel, pflückt einen Zweig und fliegt davon – der Sonne entgegen.
Du verfolgst sie über karge Felsen, grüne Täler, fruchtbares Land, bis sie hinter dem Horizont verschwindet, wo sich das weite Meer erstreckt.

Unbemerkt ist dein Vater zurückgekommen. Auf seiner Stirn zeichnet sich eine Sorgenfalte ab. „Bist du mir böse, dass ich vorausgelaufen bin und mir die Kapelle ohne dich angeschaut habe?“
Du schüttelst den Kopf und streckst ihm deine Hand entgegen. Er zieht dich mit einem kräftigen Ruck empor, legt seinen Arm um deine Schulter und gemeinsam blickt ihr lange in die Ferne.
Endlich durchbricht dein Vater die Stille und sagt: „Du hast auch einen heiligen Ort gefunden.“

Steine und Erde

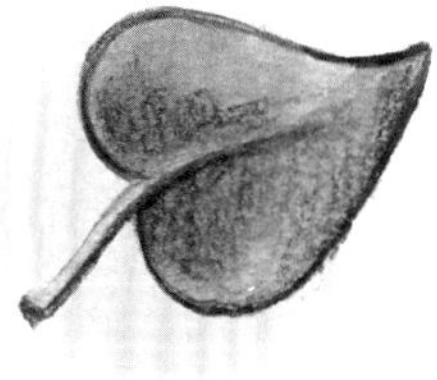

Entspannungsgeschichte

Thema
Stein und Eidechse als Bilder für Beständigkeit, Erdgeschichte, Wandel und Anpassungsfähigkeit

Zeitbedarf
ca. 4 Minuten

Inhalt
Tina „verwandelt“ sich in eine Eidechse und lauscht den Steinen, die Geschichten von der Entstehung der Welt erzählen.

Bibel-Hinweis
- „Die Erde aber war wüst und wirr.“ *(Genesis 1,2)*
- „Dein ist der Himmel, dein auch die Erde; den Erdkreis und was ihn erfüllt, hast du gegründet.“ *(Psalm 89,12)*
- „Ehe die Berge geboren wurden, die Erde entstand und das Weltall, bist du, o Gott, von Ewigkeit zu Ewigkeit.“ *(Ps. 90,2)*

Einsatzmöglichkeiten
An einem Frühlingstag der Geschichte im Garten nachspüren; während der Mittagspause auf der Terrasse.

Vorschlag zur musikalischen Untermalung
Begleit-CD Nr. 4 („Steine und Erde“)

Impulse zur Vertiefung

- Steine sammeln und sich Geschichten ausdenken, die diese erzählen könnten
- aus Ton kleine Eidechsen formen, glasieren oder mit Acrylfarben bemalen und im Garten „verstecken"
- ein Steinmandala legen
- Besuch eines Steinbruchs

Tina spielt im Garten. Die Sonne hat sie nach draußen gelockt, aber der Wind ist heute noch kalt. Er bläst durch ihre Jacke und ihre Hose. Schon friert Tina ein bisschen.

Da entdeckt sie auf den Steinen der Terrasse eine Eidechse. Fast hätte sie sie nicht bemerkt. Mit ihren braunen und grauen Farben unterscheidet sich das Tier kaum von dem Boden, auf dem es ist. Reglos sitzt die Eidechse in einem windgeschützten Eck.

Tina nähert sich ihr vorsichtig, um sie nicht aufzuschrecken. Erst geht sie in die Hocke. Dann legt sie sich wie das Tier auf den Bauch.

Die Eidechse schaut sie aufmerksam an, rührt sich aber nicht von der Stelle. Die Steine sind an dieser Stelle ganz warm. Die Wärme steigt in Tinas Beine und ihren Bauch. Gleichzeitig spürt Tina die Sonnenstrahlen auf ihrem Rücken. Sie rieseln durch ihren ganzen Körper. Das Mädchen macht sich ganz lang. Ihre Zehenspitzen sind das Schwanzende. Sie nimmt ihre Arme unter ihren Körper und streckt ihren Hals. Ganz flach drückt sich Tina an die Steine. Bestimmt sieht sie jetzt aus wie die Eidechse vor ihr. Tina fühlt sich schwer und spürt die Kraft, die in der Erde wohnt.

Die Steine sind uralt und wollen ihre Geschichten erzählen. Sie handeln von der Entstehung der Welt, vom Wechsel der Jahreszeiten, von Menschen und Tieren, die über sie hinwegliefen.
Die Eidechse und Tina hören zu. Beide merken nicht, wie die Zeit vergeht. Die Sonne wandert um die Ecke des Hauses. Schon wird es merklich kühler. Da zwinkert die Eidechse Tina freundlich zu und verschwindet in den Fugen der Gartenmauer.

Jetzt merkt Tina, dass ihre Arme und Beine ganz eingeschlafen sind. Langsam erhebt sie sich und macht einen Katzenbuckel. Sie schüttelt erst das eine Bein nach hinten, dann das andere. Das gleiche macht sie mit ihren Armen. Dann steht sie vorsichtig ganz auf. Jetzt reckt sie sich in die Höhe. Tina ist wieder ein Kind.
Ihre Füße bleiben noch für einen Moment mit den Steinen verbunden. Gott hat ihr einen sicheren Stand auf der Erde gegeben. Sie spürt: Gott war immer da, in allen Zeiten. Er verändert sich nicht.
Dann saust Tina zurück ins Haus.

Regen

Fantasiereise

Thema	Regen und Wasser als Lebensgrundlage, Regen als göttliche Gabe, Lebensfreude
Zeitbedarf	ca. 5 Minuten
Inhalt	Wir machen einen Spaziergang im Regen, waten durch Pfützen und freuen uns über den göttlichen Segen, der in Gestalt eines Wasserstrahls auf uns einprasselt.
Bibel-Hinweis	▶ „Dann sprach Gott: Ein Gewölbe entstehe mitten im Wasser und scheide Wasser von Wasser.“ *(Genesis 1,6)* ▶ „Du sorgst für das Land und tränkst es; du überschüttest es mit Reichtum ... Du tränkst die Furchen, ebnest die Schollen, machst sie weich durch Regen, segnest ihre Gewächse.“ *(Psalm 65,10–11)* ▶ „Er tat Gutes, gab euch vom Himmel her Regen und fruchtbare Zeiten; mit Nahrung und Freude erfüllte er euer Herz.“ *(Apostelgeschichte 14,17)*
Vorschlag zur musikalischen Untermalung	Begleit-CD Nr. 5 („Regen“); außerdem: Regentropfenprélude von *Frédéric Chopin,* Op. 28 Nr.15

Einsatzmöglichkeiten	An einem verregneten Vor- bzw. Nachmittag im Sommer als kurze Einlage für zwischendurch; als Einstieg in das Thema „Wasser".
Impulse zur Vertiefung	▶ Regenlieder singen („Es regnet, es regnet und alle werden nass ...etc.) ▶ Regen mit den Händen oder mit Instrumenten (z.B. Xylophon) erzeugen ▶ einen Regenspaziergang machen ▶ einen Regentanz einstudieren ▶ T-Shirts batiken ▶ mit Wasserfarben malen ▶ Tee oder Brause zubereiten

Bei diesem Wetter können wir leider nicht ins Freibad gehen", sagt Mama. So ein Mist! Du hast dich schon so lange auf das Schwimmbad gefreut. Seit einer Woche traust du dich ohne Schwimmflügel ins Wasser und jetzt, wo du deinen Freunden deine Schwimmkünste vorführen wolltest, regnet es in Strömen. Dicke, graue Wolken ziehen über den Himmel. Der Regen peitscht gegen die Wohnzimmerscheibe. Missmutig starrst du auf die Regentropfen, die schnurgerade nach unten rinnen. Es sieht aus, als ob jemand Perlenketten auffädelt.

Da klingelt es an der Tür. Mama ruft dich: „Deine Freunde sind da. Sie haben Regenkleidung an. Geht doch in den Garten!"
In wasserdichten Schuhen und Matschhosen stiefelt ihr durch das nasse Gras. Die Luft riecht frisch und würzig. Der Boden schmatzt unter deinen Füßen. Das klingt lustig!

Vor dem Beet bleiben deine Freunde stehen. In einer Mulde hat sich eine große Pfütze gebildet. Die Regentropfen zerplatzen auf der Wasseroberfläche und malen Kreise, die sich in alle Richtungen ausbreiten. Vorsichtig watest du mit deinen Gummistiefeln hinein. Deine Füße bleiben trocken, obwohl du mitten im Wasser stehst.
„Achtung, hier komm' ich!" – Schon gibt es neben dir einen lauten Platscher und du wirst von oben bis unten nass gespritzt. Sollst du mit dem Übeltäter schimpfen? Aber eigentlich bist du ihm gar nicht böse. Im Gegenteil: Das Wasser hat deine schlechte Laune abgewaschen.
Jetzt nimmst du Anlauf und springst in die Pfütze. Das Wasser spritzt nach allen Seiten weg. Das macht richtig Spaß!

„Schaut mal, was ich entdeckt habe!" – Dein Freund zeigt auf ein großes, grünes Blatt. Dicke Tropfen überqueren die schiefe Bahn und plumpsen dann auf die Erde. Weil es immer noch stark regnet, sieht es aus wie eine Brause. Da kommen schon die ersten Badegäste. Eine braune Nacktschnecke kriecht unter die Dusche. Sie hebt ihren Kopf und lässt sich von dem Wasserstrahl berieseln. Freudig wiegt sie ihren Oberkörper hin und her. Es sieht aus, als ob sie tanzt.

„Das machen wir auch." – Gemeinsam lauft ihr zur Dachrinne, wo das Regenwasser munter herunterplätschert. Du ziehst deine Kapuze vom Kopf und stellst dich genau unter den Strahl. Das Wasser prasselt auf deinen Kopf. Du streckst die Zunge heraus und fängst einige Wassertropfen auf. Das kalte Wasser rinnt deine Kehle hinunter. Regenbäche rieseln über dein Gesicht. Dein Haar klebt in nassen Strähnen an deinem Kopf. Du schüttelst dich wie ein junger Hund, nimmst deine Freunde bei der Hand und gemeinsam tanzt ihr ausgelassen durch den Regen.

„Seid ihr denn wahnsinnig geworden? Ihr holt euch ja eine Erkältung. Kommt schnell herein!" – Mama wartet schon mit ausgebreiteten Handtüchern. Sie ist nicht wirklich böse. Beim Ausziehen der nassen Sachen hilft sie mit und kocht anschließend einen heißen Tee.
„Die frische Luft hat euch gut getan und wenn mich nicht alles täuscht, seid ihr sogar ein Stück gewachsen. Es heißt ja nicht umsonst: Mairegen bringt Segen. Und was für die Pflanzen gut ist, kann Kindern ja nicht schaden."

Wolke

Fantasiereise

Thema	Wolken als Sehnsuchtsräume (Freiheit, Grenzenlosigkeit) und als Symbol für Gottes Gegenwart, Erfahrung von Schwerelosigkeit und Transzendenz
Zeitbedarf	ca. 5 Minuten
Inhalt	Wir reisen mit einem Wolkenschiff und tauchen ein in eine Wolke, die uns dem Himmel ganz nahe bringt und Flügel verleiht.
Bibel-Hinweis	▶ „Gott machte also das Gewölbe und schied das Wasser unterhalb des Gewölbes vom Wasser oberhalb des Gewölbes ... und Gott nannte das Gewölbe Himmel.“ *(Genesis 1,7–8)* ▶ „Du nimmst dir die Wolken zum Wagen, du fährst einher auf den Flügeln des Sturmes.“ *(Psalm 104,3)*
Einsatzmöglichkeiten	Bei einem Kindergartenausflug ins Grüne (alle kuscheln sich auf eine Decke, beobachten die Wolken und gehen auf Fantasiereise); als Entspannungsphase nach wildem Toben im Garten vor dem Mittagessen bzw. Mittagssschlaf oder als Programmpunkt beim Sommerfest im Kindergarten.

Vorschlag zur musikalischen Untermalung	Begleit-CD Nr. 6 („Wolke“); außerdem: „I believe I can fly“ von *R. Kelly* (Instrumental Version)
Impulse zur Vertiefung	▶ Wolkenbilder mit Deckweiß und Wasserfarben malen ▶ eine Fantasiegeschichte zum Thema „Fliegen“ erfinden ▶ Wolken im Garten beobachten und Formen raten ▶ Zuckerwatte herstellen und kosten ▶ Wettervorhersagen aus der Zeitung ausschneiden oder selbst erstellen ▶ „Alle Vögel fliegen hoch“ spielen

Nach einem wilden Wettrennen durch den Garten lässt du dich erschöpft ins hohe Gras fallen. Du genießt den Wind, der dein Gesicht kühlt, und machst es dir auf der Wiese bequem. Dein Kopf ruht auf dem weichen Polster, über dir schaukeln Grashalme und Blütenblätter. Du fühlst dich ganz entspannt.

Dein Blick wandert nach oben und bleibt bei den Wolken hängen, die wie weiße Schiffe über den blauen Himmel ziehen. Manche haben mächtige Segel, die sich im Wind blähen und rasch an Fahrt gewinnen. Sie treiben ihr Schiff voran, überholen, ja verschlucken die kleinen Boote und türmen sich auf zu riesigen Luftschiffen.

Wie mag es wohl sein an Bord eines riesigen Wolkenkreuzers? Du schließt die Augen und schon spürst du, wie du an Deck stehst und der Sturm deine Haare zerzaust.

„Volle Kraft voraus, Kapitän?“, ruft dir eine Stimme zu. Ohne lang nachzudenken, umschließt deine Hand das hölzerne Steuerrad.
„Volle Kraft voraus!“, schreist du zurück. Vor dir breitet sich der Himmel aus, der grenzenlos zu sein scheint. Du schwebst über den blauen Horizont, der nur gelegentlich von weißen Wattetupfern durchsetzt ist.
Plötzlich brechen Sonnenstrahlen hervor, die die Wolken zum Leuchten bringen. Rosa und golden schimmern die Schaumkronen auf dem weiten Wolkenmeer, über das du lautlos schwebst.
Da taucht wie aus dem Nichts eine Wolkensäule auf, die direkt auf dich zusteuert. Noch bevor du ausweichen kannst, hat dein Luftschiff das Hindernis berührt. Anstelle eines Aufpralls hörst du nur ein leises Rauschen. Weiche Luftmassen streichen um dein Gesicht. Auf deiner Stirn bilden sich kleine Wassertröpfchen. Im Inneren der Wolke fühlst du dich ganz leicht und geborgen.
Alle Last ist von dir abgefallen, du steigst immer höher und höher. Eine unsichtbare Hand zieht dich nach oben, dorthin, wo das Blau immer intensiver leuchtet und wo die Sonnenstrahlen herkommen.

„Kleiner Träumer, wach auf!“ – Ein Schatten fällt auf dein Gesicht. Du öffnest die Augen und blickst in das vertraute Gesicht deines Freundes.
„Da bist du ja! Komm, wir spielen Fangen! Wer zuerst die Wiese überquert hat … los geht’s!“
Du brauchst noch einen Augenblick Zeit, um dich zurechtzufinden. Gerade bist du über den Wolken geschwebt, jetzt sollst du deinem Freund hinterherjagen. Er hat schon einen großen Vorsprung, aber du weißt jetzt, dass du fliegen kannst, zumindest im Traum. Mit Gottes Hilfe und deiner Fantasie kannst du weit entfernte Ziele erreichen. Probier’s doch einfach aus!

Rose

Fantasiereise

Thema Rose als Bild für Liebe, Schönheit, Geborgenheit

Zeitbedarf ca. 4 Minuten

Inhalt Wir erkunden das Innere einer Rosenknospe, die als Symbol für makellose Schönheit und für die immerwährende Liebe einer Mutter steht. Die Reise, die (zurück) in den Schoß führt und die von Erwachsenen erotisch gelesen werden kann, konfrontiert die Kinder im Unterbewusstsein – wie Märchen das häufig tun – mit ihrer (von Gott angelegten) Sexualität. Die Geborgenheit in einer engen Mutter-Kind-Beziehung, die in dieser Fantasiereise thematisiert wird, ist für die Entwicklung des Kindes von entscheidender Bedeutung, denn dort wird der Keim der Liebe gesät.

Bibel-Hinweis ▶ „Dann sprach Gott: Das Land lasse junges Grün wachsen, alle Arten von Pflanzen." *(Genesis 1,11)*

Einsatzmöglichkeiten Im Frühjahr bzw. Sommer zur Rosenblüte; besonders geeignet auch zur Vorbereitung auf den Muttertag oder als Muttertagsgeschenk (in Form einer Karte mit Rosen bzw. Marienkäfermotiv und einzelnen Textstellen).

Vorschlag zur musikalischen Untermalung

Begleit-CD Nr. 7 („Rose“); außerdem: „Gymnopédie No 1“ von *Erik Satie*

Impulse zur Vertiefung

- in einen Rosengarten gehen
- an Parfums mit Rosenduft riechen
- aus Stoffresten eine Rose gestalten
- die Szene nachspielen
- „Ringel, Ringel, Rose“ oder Marienlieder singen
- Märchen vorlesen („Hänsel und Gretel“und „Dornröschen“)

Du sitzt im Wohnzimmer auf dem Sofa. Frische Luft strömt durch das offene Fenster. Die Gardinen rascheln leise.
Plötzlich fliegt ein Marienkäfer herein. Sein Panzer leuchtet rot und schwarz. Er dreht einige Runden durchs Zimmer und landet dann auf dem Stiel einer roten Rose, die den Tisch schmückt.

Du beugst dich nach vorne und beobachtest den Käfer. Seine winzigen Füße laufen die grüne Straße entlang. Geschickt weicht er den Blättern und Dornen aus.
Jetzt nähert er sich der Blüte. Sie duftet verführerisch und zieht ihn magisch an. Schon ist der kleine Körper hinter dem äußersten Blütenblatt verschwunden. Wie mag es da drinnen wohl aussehen? Du kannst nicht länger widerstehen, schiebst den roten Vorhang beiseite und tauchst ein in ein geheimnisvolles Labyrinth. Weiche Stoffbahnen bauschen sich vor dir auf. Sie umschmeicheln deinen Körper, der sich ganz leicht anfühlt. Süße Düfte benebeln deine Sinne.

Je weiter du ins Innere der Blüte vordringst, desto enger und dunkler werden die Wege. Blatt um Blatt schiebst du zur Seite. Deine Hand tastet nach den verborgenen Eingängen.
Plötzlich dringt eine zarte Stimme an dein Ohr: „Raschel, raschel, Ros' – wer kriecht da in meinen Schoß?“ Du fühlst dich ertappt und wärst am liebsten unsichtbar. Doch bevor du dich verstecken kannst, vernimmst du abermals die Stimme: „Mein Kind, mein Kind, komm her geschwind!“
Da weichen die Blütenblätter zurück und geben den Weg frei in einen prächtigen Saal. In der Mitte funkeln goldene Zepter im Schein von tausend Kronleuchtern. Du näherst dich Schritt für Schritt und bleibst vor einem Zepter stehen, auf dem ein Tautropfen schimmert.
Als du dich vorbeugst, erblickst du das Gesicht einer bildschönen Frau. Sie lächelt dir zu und flüstert mit vertrauter Stimme: „Schlaf ein, mein Kind, schlaf ein. Ich werde immer bei dir sein.“
Sie drückt ihre Lippen auf deine Stirn. Du schließt vor Entzücken die Augen und lässt dich auf die weichen Kissen fallen. Hier fühlst du dich sicher und geborgen. Dein Herz schlägt ruhig und gleichmäßig.

„Liebling, steh auf!“ – Diese Worte kommen dir bekannt vor. So weckt dich deine Mama jeden Morgen. Du kennst ihre Stimme und hast ihren Duft in der Nase, auch wenn sie nicht da ist. Ihre Liebe beschützt dich und trägt dich durchs Leben. Für dich wird sie immer einmalig bleiben, weil du ihrem Schoß entsprungen bist. Das ist das Geheimnis der Rose, das dir ein kleiner Marienkäfer offenbart hat.

Weizenkorn

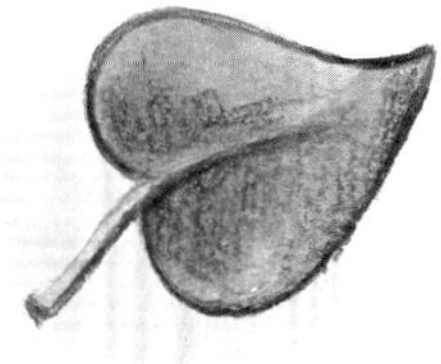

Entspannungsgeschichte

Thema Weizenkorn als Bild für Hingabe, Hoffnung, Lebenskraft, Achtsamkeit

Zeitbedarf ca. 5 Minuten

Inhalt Das Weizenkorn symbolisiert die Auferstehung und den Lebenskreislauf. Die aufkeimende Hoffnung in dunklen Zeiten trägt reiche Frucht und gibt uns neue Kraft. Tina stellt sich das Wachstum des Weizenkorns vor und lernt den Wert dieses Lebensmittels zu schätzen.

Bibel-Hinweis

- „Das Land lasse alle Arten von Pflanzen, die Samen tragen, wachsen." *(vgl. Genesis 1,11)*
- „Gott sättigt dich mit bestem Weizen." *(vgl. Psalm 147,14)*
- „Die Hoffnung aber lässt nicht zugrunde gehen." *(Römerbrief 5,5)*

Einsatzmöglichkeiten Rund um die Osterzeit; zur Erstkommunionvorbereitung; bei (scheinbar) aussichtslosen Problemen.

Vorschlag zur musikalischen Untermalung Begleit-CD Nr. 10 („Sonnenblume“)

Impulse zur Vertiefung

- das Wachstum von Weizenkörnern beobachten
- den Weg des Weizenkorns zum Brot nachvollziehen
- Thema „Gesunde Ernährung“

Tina ist nachdenklich. Als Lukas heute sein Pausenbrot ausgepackt hat, rief er: „Wäh, Körnerbrot, das mag ich nicht!“ und warf es in den Abfalleimer. Frau Mielke wurde ganz traurig und sagte: „Schade, jetzt sind die Körner ganz umsonst gewachsen!“
Da ist Tina wieder eingefallen, wie sie in der Osterzeit im Kindergarten Weizenkörner in eine Schale mit Erde gelegt haben. Zuerst durfte sich jedes Kind eine Handvoll aus dem Getreidesack nehmen. Das hat sich schön angefühlt. Die Körner waren überall. Sie waren kühl und fest und rieselten durch die Finger. Dann mussten sie mit zwei Fingern die Körner auf die Erde streuen. Wenn man nicht aufpasste, lagen alle auf einem Haufen. Zum Schluss wurde noch ein wenig Erde darauf gelegt und das Ganze mit einer Gießkanne vorsichtig begossen. Dann konnte man von den Körnern gar nichts mehr sehen. Bestimmt war es ganz dunkel dort in der Erde. So dunkel wie unter der Bettdecke, unter der sich Tina manchmal versteckt, wenn sie ihre Ruhe haben will. Tina schließt ihre Augen und stellt sich die Weizenkörner vor.

Gierig saugen sie das Wasser auf, um ihre Kraft zu entfalten. Bald kribbelt es in ihrem Inneren und winzig kleine Wurzeln wachsen in die Erde hinein. Tina kann das in ihren Zehenspitzen spüren.
Plötzlich schieben sich aus den Körnern grüne Sprossen der Sonne entgegen. Tina macht sich ganz gerade und streckt ihren Hals. Durch ihre geschlossenen

Augen schimmert das Licht. Immer größer werden die Weizenhalme. Sanft werden sie vom Windhauch bewegt, wie Wellen auf dem Wasser sieht das aus. Tina schaukelt behutsam hin und her.
Langsam schieben sich die Ähren nach außen, Körnchen für Körnchen und werden rund und fest. Tina kreist ihre Schultern.
Bei einem starken Regenguss ducken sich die Halme auf die Erde, aber die Sonne trocknet das Weizenfeld bald schon wieder. Tina reckt ihr Gesicht in die Sonne und spürt, wie sich die Wärme in ihrem Körper ausbreitet.
Langsam färben sich die Ähren goldgelb. Tina kann die Farbe richtig sehen.
Die Zeit der Ernte ist gekommen. Aus dem einzelnen Weizenkorn sind viele Körner entstanden.

Das ist ein wunderbarer Schatz. Tina öffnet ihre Augen und streckt ihre Hände vor sich aus. Sie ist dankbar für das Brot, das aus diesen Körnern gebacken worden ist.

Gras

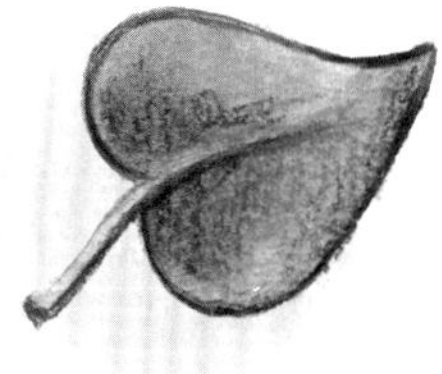

Entspannungsgeschichte

Thema	Gras und Löwenzahn, Wachstum, „Grünkraft Gottes“, Bewahrung der Schöpfung, Integration
Zeitbedarf	ca. 5 bis 7 Minuten
Inhalt	Tina und ihre Freundin sorgen mit Hilfe einer Pusteblume für die Begrünung ihrer lebensfeindlichen Umgebung und werden sich so ihrer Verantwortung für die Schöpfung bewusst.
Bibel-Hinweis	▶ „Dann sprach Gott: Das Land lasse junges Grün wachsen.“ *(Genesis 1,11)* ▶ „Hiermit übergebe ich dem Menschen alle Pflanzen auf der ganzen Erde, die Samen tragen.“ *(Genesis 1, 29)* ▶ „Gott segnete sie: Seid fruchtbar, vermehrt euch, bewahrt die Erde.“ *(nach Genesis 1, 28)*
Einsatzmöglichkeiten	Im Frühjahr zur „Pusteblumenzeit“; besonders für einen Stadtkindergarten denkbar.
Vorschlag zur musikalischen Untermalung	Begleit-CD Nr. 12 („Wunder des Lebens“); außerdem: „Forrest Gump Suite (Feather Theme)“ von *Alan Silvestri*

Impulse zur Vertiefung

- ein Naturprojekt im Pausenhof oder Stadtteil planen
- aus Watte oder Märchenwolle eine Pusteblume basteln
- Löwenzahnblüten sammeln und Sirup daraus machen
- die Samen einer Pusteblume auf einen Tesafilm-Streifen kleben und zählen (ca. 250 Stück!)
- das Lied: „Grün, grün, grün, sind alle meine …“ singen
- Gedicht: „Verblühter Löwenzahn“ von *Josef Guggenmos*

Heute Nachmittag hat sich Tina mit Samira zum Spielen verabredet. Samira wohnt in einer großen Wohnanlage. Dort war Tina noch nie. Alle Häuser schauen hier gleich aus. Sie staunt, als sie die vielen Klingelschilder an der Eingangstür sieht. Zum Glück ist Mama dabei und findet schon bald den richtigen Namen. Samiras Mutter bittet Mama zu einer Tasse Kaffee in die Wohnung hinein.

„Und wir gehen hinunter in den Hof“, schlägt Samira vor. – „Toll, dann fahren wir gleich noch mal mit dem Aufzug!“, ruft Tina.

Wie das in ihrem Bauch ruckelt, wenn sich der Fahrstuhl in Bewegung setzt! Damit sie das Gleichgewicht behält, stellt sie sich gerade hin und macht ihre Füße schwer. So sind sie wie kleine Anker fest mit dem Boden verbunden.

Samira findet es lustig, dass Tina so aufgeregt ist. Schließlich benützt sie den Aufzug jeden Tag. Schnell drückt sie alle Knöpfe bis zum Erdgeschoss, damit die Fahrt ein bisschen länger dauert. Wenn sie ein neues Stockwerk erreichen, gehen die Mädchen in die Knie und atmen aus. Wenn sich der Aufzug wieder in Bewegung setzt, fühlt es sich an, als ob sie jemand an ihren Schultern nach oben zieht. Die Mädchen atmen ein und halten die Luft an.

Nacheinander blinken die Lichter der einzelnen Geschosse auf. 2. Stock – in die Knie gehen – ausatmen. Weiter geht es, aufrichten – einatmen. 1. Stock – in die Knie gehen – ausatmen, wieder aufrichten – einatmen. Mit einem letzten Rumpeln kommt der Aufzug unten an und die Türen öffnen sich mit einem lustigen „Pling“.

Als sie vor das Haus treten, ist Tina enttäuscht. „Was können wir denn spielen?“, fragt sie ihre Freundin. Um sie herum ist alles grau und trist. Statt einer Wiese zum Rennen gibt es nur Parkplätze, auf denen Autos stehen. Statt hinter Büschen und Bäumen kann man sich nur hinter den Mülltonnen verstecken.
„Sollen wir auf den Platten hüpfen? Ich kann auch noch einen Ball von oben holen!“, versucht Samira sie aufzumuntern.
„Ja gut, aber mach schnell!“, brummt Tina und setzt sich auf die Eingangsstufe.

Während sie auf ihre Freundin wartet, betrachtet Tina ihre Umgebung genauer. Die hohen Häuserblöcke werfen lange Schatten auf die eintönige Fläche vor ihr. Der letzte Regenguss hat eine große Pfütze auf dem Hof hinterlassen. Kein Wunder, das Wasser kann auch nicht im Erdboden versickern. In der Ecke bei den Garagen liegt ein verbogenes Fahrrad. Bei den Mülltonnen stehen Glasflaschen herum, einige sind schon zu Bruch gegangen. Und hier am Eingang hat jemand seine leere Zigarettenschachtel einfach auf den Boden geworfen. Tina ist traurig. Das ist kein schöner Ort für Kinder! Überhaupt für niemanden. Wo sollen hier die Pflanzen wachsen oder Tiere wohnen?

Da fällt Tinas Blick auf ein kleines Grasbüschel, das aus einem Spalt zwischen den Betonplatten hervorsprießt. Welche Mühe hat es gemacht, mit so wenig Erde zu wachsen. Tina kniet sich nieder und streichelt die Grashalme behutsam.
„Das macht ihr richtig!“, ermutigt sie das tapfere Grün. Die Halme nicken und neigen sich leicht zur Seite. Wollen sie ihr etwas zeigen? Jetzt bemerkt Tina auch ein einsames Gänseblümchen, das sich unter der Stoßstange eines par-

kenden Autos duckt. Immer mehr nimmt sie die unscheinbaren Pflänzchen wahr, die sich ihren Weg durch die Asphaltwüste gebahnt haben.
Als sie an der Hauswand die gelben Blütenkleckse und sogar die Pusteblume eines Löwenzahns entdeckt, hat Tina eine wunderbare Idee. Ungeduldig läuft sie ihrer Freundin entgegen, die in diesem Moment aus der Haustür tritt.
„Samira, komm, wir helfen der Natur!“
Samira wundert sich: „Können wir das denn?“ – „Ja, ich zeig es dir!“ Vorsichtig pflückt Tina die silbern schimmernde Kugel der Pusteblume. Die Samenkörner sitzen an winzigen Fallschirmchen auf dem Kopf des Blütenstiels. Behutsam nimmt Tina den seidigen Flaum zwischen zwei Finger und setzt ihn in eine Fuge des gepflasterten Weges. Jetzt versteht Samira, was Tina vorhat und macht es ihr nach. Voller Eifer säen die Mädchen lauter kleine Löwenzahnkinder in jede Ritze, die sie finden.

Nach einer Weile können sie sie schon gar nicht mehr zählen. Aber noch immer ist die Pusteblume nicht abgeerntet. Da holt Tina tief Luft und hält sich die Blume vor den Mund. Auch Samira bläht ihre Wangen. Gemeinsam blasen sie die letzten Samenflöckchen auf die Reise. Sacht trägt ein Windhauch das federleichte Gespinst davon, hoch in den Himmel hinauf, über die Autos und Garagen hinweg. Die Freundinnen schauen ihnen noch eine Weile nach.

„Bestimmt verwandelt sich die Stadt jetzt in eine Blumenwiese!“, freut sich Samira. „Das glaube ich auch!“, ruft Tina und winkt ihren Hoffungsträgern hinterher. Heute haben die Mädchen gute Arbeit geleistet, die Schöpfung zu bewahren ...
„Aber jetzt hüpfen wir endlich!“ und schon hopst sie erst auf dem einen, dann auf dem anderen Bein die Wegplatten entlang. Dabei singt sie: „Grün, grün, grün, sind alle grauen Steine ...!“

Wind

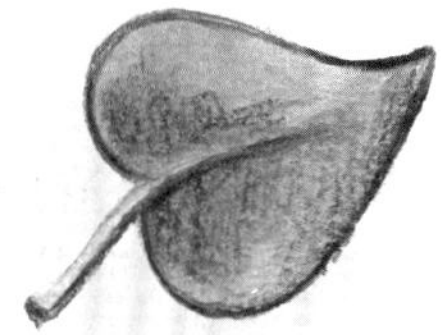

Entspannungsgeschichte

Thema	Wind, Aufbruch, Veränderung, Lebensfreude
Zeitbedarf	ca. 5 Minuten
Inhalt	Der Wind erzählt Tina von seiner weiten Reise und lässt sie an seinen Eindrücken teilhaben.
Bibel-Hinweis	▶ „Gott ließ einen Wind über die Erde wehen.“ *(Genesis 8,1)* ▶ „Du fährst einher auf den Flügeln des Sturmes. Du machst dir die Winde zu Boten.“ *(aus Psalm 104,3–4)*
Einsatzmöglichkeiten	Im Herbst bei einer kräftigen Brise
Vorschlag zur musikalischen Untermalung	Begleit-CD Nr. 6 („Wolke“); außerdem: „Elizabethan Serenade“ von *Ronald Binge*, „Flight of the Navigator“ von *Alan Silvestri*
Impulse zur Vertiefung	▶ Drachen steigen lassen, ein Windspiel oder eine Wetterfahne basteln, ▶ verschiedenen Namen der Winde kennenlernen,

- mit der eigenen Stimme und Alltagsgegenständen Windgeräusche verklanglichen (z.B. durch Plastikrohre pusten)
- das Gedicht „Der Wind“ von *Josef Guggemos* lesen

In der Nacht wacht Tina auf. Der Wind heult um das Haus, rüttelt an den Dachpfannen und lässt den Regen an die Fenster prasseln. Huh, das hört sich unheimlich an. Tina zieht sich die Bettdecke über die Ohren. Jetzt hört sie nur noch ein leichtes Rauschen. Alles ist warm und weich um sie herum. Sie weiß, dass Mama und Papa in der Nähe sind. Sie braucht sich nicht zu fürchten. Zum Glück kann sie schon bald wieder einschlafen.

Am nächsten Morgen sieht der Himmel blitzblank gewaschen und strahlendblau aus. Der Wind hat alle Regenwolken weggefegt.

Als Tina vor die Tür tritt, fährt ihr eine frische Brise ins Gesicht. Noch immer ist die Luft in Bewegung. Tina kann sie sehen, hören und riechen. Der Wind rüttelt an den Bäumen und schüttelt sie. Das Gras der Wiese legt sich zur Seite. Blütenblätter wirbeln über den Zaun. Eine Plastiktüte segelt in großen Schwüngen und mit hellem Knistern die Straße entlang. Das erinnert Tina an die Qualle, die sie im Aquarium gesehen hat.

Hoch über ihr packt der Wind die Vögel, gerade wie es ihm gefällt. Sie schlagen eifrig mit den Flügeln, um nicht davongetragen zu werden. Der Wind pustet in die Dachrinne, dass es sich anhört wie die großen dicken Orgelpfeifen in der Kirche. Im nächsten Moment fährt er in das Windspiel auf der Terrasse, kling kling kling. Fröhlich pfeift er ein Liedchen zu dem glockenhellen Klang. Die Blätter rascheln und raunen. Woher der Wind wohl weht?

Tina reckt ihre Nase in den Wind. Sie leckt ihren Finger ab und streckt ihn in die Höhe. Der Wind verrät ihr seine Reise. Er hat die Meeresgischt geküsst und trägt einen Hauch von nassem Sand und würzigem Algengrün mit sich. Tina leckt sich über die Lippen. Ja, das schmeckt ganz salzig.
Über den immer weißen Berggipfeln hat der Wind die Schneeflocken wie einen Schleier vor sich hergejagt. Auf dem Weg über das Land ist er durch dunkle Wälder gestrichen. Tina kann Pilze im Moos und Tannenzapfen riechen.
Der Wind hat den Duft von fremden Blüten eingesammelt. Lila leuchten Lavendelfelder vor Tinas Augen.
Der Wind trägt den Duft von Gewürzen und köstlichen Gerichten mit sich und lässt Tina das Wasser im Munde zusammenlaufen.

Jetzt wuselt der Wind auffordernd durch Tinas Haare und zupft an ihrem Rock. „Komm, wir rennen um die Wette“, säuselt er ihr ins Ohr. – „Ich hab eine bessere Idee!“, ruft ihm Tina zu. Er packt ihre Worte und wartet gespannt.
Tina läuft ins Haus. „Mama, draußen ist so ein toller Wind. Ich will mit ihm Drachen steigen lassen!“ Mama lacht: „Der Wind, der Wind, das himmlische Kind! Ich werde ihn meine Wäsche trocknen lassen!“

Sterne

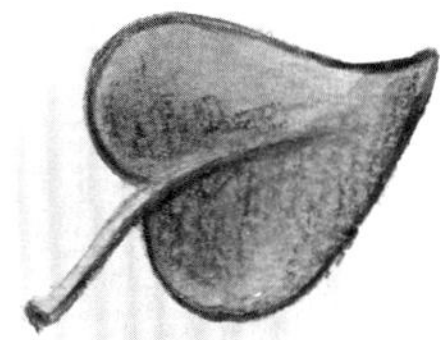

Entspannungsgeschichte

Thema	Sterne, Unendlichkeit, Weite, Ewigkeit, Treue Gottes
Zeitbedarf	ca. 4 bis 5 Minuten
Inhalt	Tina wird von einem kleinen Stern in die Unendlichkeit des Weltalls mitgenommen und gewinnt eine neue Perspektive.
Bibel-Hinweis	▶ „Dann sprach Gott: Lichter sollen am Himmelsgewölbe sein, die über die Erde hin leuchten ... So machte er die Sterne.“ *(aus Genesis 1,14–16)* ▶ „Er bestimmt die Zahl der Sterne und ruft sie alle mit Namen.“ *(Psalm 147,4)*
Einsatzmöglichkeiten	Zum Martinsumzug; Nachtwanderung; Einstimmung zur Abrahams- oder Weihnachtsgeschichte.
Vorschlag zur musikalischen Untermalung	Begleit-CD Nr. 8 („Sterne“)

Impulse zur Vertiefung

- das Lied: „Weißt du, wie viel Sternlein stehen“ von *Wilhelm Hey* (1837) singen
- ein Besuch der Sternwarte
- kreative Namensgebung: „Wie könnte dieser Stern heißen?“
- Sternenmusik komponieren: mit Glöckchen, Glasharfen, leisen Instrumenten

Da oben leuchten die Sterne, da unten leuchten wir ...“, singt Tina beim Martinsumzug. Stolz hält sie ihre Laterne. Tagelang hat sie sie im Kindergarten gebastelt. Wie viel Mühe hat sie sich gegeben, um die kleinen Sterne auszuschneiden und sie sorgfältig auf das durchscheinende Papier zu kleben. Am liebsten hätte sie das Teelicht gleich angezündet, aber alle Kinder mussten auf den heutigen Abend warten.

Als Tina endlich das brennende Streichholz vorsichtig an den Docht hält, breitet sich ein warmer Schein um ihren Lampion in der Dunkelheit aus. Nach und nach werden es immer mehr Lichtkreise, bis die Kinder mit ihren Laternen auf dem Weg zur Kirche eine kleine Lichtstraße bilden. Manchmal taucht aus einer dunklen Seitengasse oder einem Hauseingang ein weiterer leuchtender Fleck auf und schließt sich ihnen an. Auch wenn Tina die Gesichter von ihnen nicht erkennen kann, weiß sie doch: Sie alle gehören zusammen.
Tina blickt hinauf zum Sternenzelt, das über ihr in der klaren Herbstnacht funkelt. Es sind so viele, dass man sie gar nicht zählen kann. Liegt es an den Sternenlaternen hier unten auf der Erde, dass sie ihr heute so nah erscheinen? Ein Stern scheint ihr etwas zuzublinken. Tina weiß: Sein Licht ist schon viele Jahre – eine Ewigkeit – durch das Weltall unterwegs.

Langsam wandert das Sternenlicht von Tinas Laterne zu ihr, ihren Arm hinauf, bis ihr Gesicht von seinem silbernen Glanz berührt wird. Der Stern flüstert ihr seinen Namen ins Ohr. Das kitzelt zart im Ohr und klingt ganz zauberhaft. Wie wenn man mit dem Finger auf einem Gläserrand entlangstreift, füllt sein Klang den ganzen Himmelsraum aus. Ein perlendes Lachen steigt in Tina empor, so glücklich ist sie.

Für einen Augenblick nimmt der Stern sie mit auf die Reise durch die Zeit: Schwerelos gleiten sie durch das Universum, vorbei an unzähligen Planeten, Meteoren, Galaxien.
Astronauten in ihren Raumkapseln ziehen staunend an ihnen vorbei. Tina sieht Seefahrer, wie sie durch ihre Teleskope in den Himmel blicken. Fröhlich winkt sie ihnen zu. Auf einem kargen Hügel versucht ein alter Mann die Sterne zu zählen. Dann fasst er neuen Mut, seinen Weg weiterzugehen.
Von Ferne erkennt Tina drei Männer auf Kamelen. Sie deuten auf einen Stern, der besonders hell leuchtet. Tina versteht: Gott hat die Sterne gemacht, um den Menschen seine Treue zu zeigen, die kein Ende hat – wie das Weltall.

Ein großes Staunen erfüllt Tina, als sie wieder zur Erde zurückkehrt. Noch einmal flackert das Sternenlicht in ihrer Laterne hell auf, dann sieht Tina eine Sternschnuppe über den Himmel huschen.

Mama schaut verwundert in Tinas Gesicht. „Du hast da Glitzerstaub! Wo kommt denn der plötzlich her?“ Tina lächelt. Sie hat heute ein besonderes Geschenk erhalten. Wenn dunkle, traurige Tage kommen, weiß sie um den Trost, den ihr der kleine Stern gegeben hat. Ganz fest hält sie ihre Laterne.

Mond

Fantasiereise

Thema Der Mond und das Weltall als Forschungsobjekte, aber auch Werk Gottes, die Unendlichkeit des Universums, ein neuer Blick auf die Erde

Zeitbedarf ca. 4 bis 5 Minuten

Inhalt Wir reisen mit dem „Mondschein-Express" durchs All, erforschen unseren Trabanten und erkennen von dort, wie schön und zerbrechlich unser Heimatplanet ist.

Bibel-Hinweis

- „Gott machte das kleinere Licht, das über die Nacht herrscht." *(aus Genesis 1,16)*
- „Seh ich den Himmel, das Werk deiner Finger, Mond und Sterne, die du befestigt: Was ist der Mensch, dass du an ihn denkst, des Menschen Kind, dass du dich seiner annimmst." *(Psalm 8,4–5)*

Einsatzmöglichkeiten Als Auftakt zum Thema „Weltall" bzw. für eine naturwissenschaftliche Reihe zum Thema „Unser Planetensystem"; im Rahmen einer Übernachtung der Vorschulkinder im Kindergarten (als Einschlafhilfe nach einem Nachtspaziergang, in diesem Fall den Satz mit dem Heimweh besser weglassen!).

Vorschlag zur musikalischen Untermalung

Begleit-CD Nr. 9 („Mond"); außerdem: *Ludwig van Beethoven:* Mondscheinsonate, 1. Satz

Impulse zur Vertiefung

- Weltraumfotos betrachten
- die Planeten aus Steinen bzw. Murmeln legen
- Mondlieder singen (z.B. „Der Mond ist aufgegangen", „Wer hat die schönsten Schäfchen?")
- Mondgedichte anhören (z.B. „An den Mond" von *Johann Wolfgang Goethe,* „Mondnacht" von *Joseph von Eichendorff*)
- „Peterchens Mondfahrt" (*Gerdt von Bassewitz*) oder „Der kleine Häwelmann" (*Theodor Storm*) lesen
- einen Nachtspaziergang bei Vollmond machen

Du liegst in deinem Bett und kannst nicht einschlafen. Über dir tickt der Zeiger der Wanduhr. Ab und zu fährt ein Auto vorbei. Dann huscht für einen Moment ein Lichtstrahl durch dein Zimmer. Hinterher ist alles wieder dunkel. Beängstigend dunkel. Jetzt bewegen sich auch noch die Vorhänge am Fenster. Das sieht richtig unheimlich aus. Kriechen da nicht ein Schatten an dein Bett? Dein Herz pocht laut. Sollst du um Hilfe rufen?

Da erglänzt dein Zimmer plötzlich in einem hellen Licht. Ein weißer Schimmer flutet herein und vertreibt alle Ängste. Du springst aus dem Bett und läufst zum Fenster. Da erblickst du ihn: Schelmisch lugt er hinter einer Wolke hervor und zwinkert dir zu. Er ist's, unser treuer Begleiter, der Mond!

Zu gerne würdest du ihn einmal besuchen und dich da oben genauer umsehen. Aber das geht ja leider nicht, oder doch?

Plötzlich schwebt vor deinem Fenster eine silberne Gondel, die von weißen Schäfchen gezogen wird. Sie blicken dich aus dunklen Augen fragend an. Die

Tür des Fahrzeugs öffnet sich und eine Stimme ertönt: „Mondschein-Express, bitte einsteigen!" – Da lässt du dich nicht lange bitten und steigst im Schlafanzug ein.

Lautlos gleitet ihr durchs Weltall, auf die weiße Kugel zu, die immer größer wird. Jetzt kannst du schon erste Hügel und Krater erkennen. Da landet die Gondel etwas unsanft auf dem Mond. Weißer Staub wirbelt auf.
Vorsichtig setzt du einen Fuß aus der Gondel auf den Boden. Er fühlt sich kalt und hart an. Etwas unbeholfen machst du deine ersten Schritte. Dann hüpfst du förmlich über die Oberfläche. Du fühlst dich ganz leicht und unbeschwert und fürchtest dich kein bisschen, auch wenn alles sehr wüst und fremd aussieht.

Es gibt keine Pflanzen, nur Steine. Neugierig beugst du dich zum Boden und greifst nach einem losen Brocken. Du steckst ihn in deine Tasche und drehst dich um.
Was du jetzt siehst, raubt dir den Atem: Hinter dem Horizont schwebt eine wunderschöne Kugel – der blaue Planet, die Erde.
Im Weltall wirkt sie ganz klein und zerbrechlich. Du möchtest sie am liebsten in die Hand nehmen und beschützen. Gleichzeitig erfasst dich eine große Sehnsucht nach deinem Heimatplaneten, deinem Zuhause.

„Aufstehen, du Langschläfer!" Verwundert reibst du dir die Augen. Eben warst du doch noch auf dem Mond! Hast du das alles nur geträumt? Da fühlst du etwas Hartes in deiner rechten Tasche. Du greifst hinein, holst den Stein heraus und betrachtest ihn von allen Seiten. Bei Tageslicht wirkt er eigentlich recht unscheinbar. Er hat seinen silbernen Glanz verloren und sieht aus wie ein einfacher Kieselstein. Da erinnerst du dich an etwas viel Kostbareres, das du auf deiner Mondfahrt entdeckt hast: an die Erde, die kleine, blaue Murmel! Manchmal muss man eine weite Reise machen, um die Schönheit der Heimat zu erkennen. Unser größter Schatz ist die Erde. Wie haben nur diesen einen Planeten, deshalb müssen wir sorgsam mit ihm umgehen.

Sonnenblume

Fantasiereise

Thema Die Sonne: Licht, Wärme, Lebensenergie

Zeitbedarf ca. 3 bis 4 Minuten

Inhalt Wir spüren die Wärme der Sonne am eigenen Körper und richten uns wie die Sonnenblume nach der (göttlichen) Lichtquelle aus, die das Leben auf der Erde erst ermöglicht.

Bibel-Hinweis

- „Und Gott setzte ein großes Licht an den Himmel, das über den Tag herrscht ..." *(aus Genesis 1,16–17)*
- „Der Gott der Götter, der Herr, spricht, er ruft der Erde zu vom Aufgang der Sonne bis zum Untergang. Vom Zion her, der Krone der Schönheit, geht Gott strahlend auf." *(Psalm 50,1–2)*

Einsatzmöglichkeiten Am besten im Sommer (Juli/August), z.B. beim Morgenkreis als positiver Einstieg in den Tag oder vor dem Mittagsschlaf als Entspannungsübung für die Kleinen (wobei man die Aufwachphase erst beim Aufwecken durchführt); in szenischer Umsetzung auch bei einem Sommerfest einsetzbar (mit „Blumenkindern" und einer echten Sonnenblume); als Einlage im Rahmen eines Kindergottesdienstes.

Vorschlag zur musikalischen Untermalung
Begleit-CD Nr. 10 („Sonnenblume“); außerdem: *Edvard Grieg,* Peer-Gynt-Suite Nr 1: Morgenstimmung

Impulse zur Vertiefung

- echte Sonnenblumen untersuchen, am besten draußen
- Sonnenblumenkerne in ein Beet oder einen Blumentopf einpflanzen
- Sonnenblumenbilder von Vincent Van Gogh betrachten
- eigene Sonnen(blumen)bilder gestalten (mit Sonnenblumenkernen)
- Sonnenblumenbrot oder Sonnenblumenbrötchen backen und bei einem gesunden Frühstück verzehren

Du streifst in den Morgenstunden durch den Garten. Tau liegt auf der Wiese. Feuchte Grashalme kitzeln deine Fußsohlen. Außer ein paar Vogelstimmen ist alles ganz ruhig.
Vor dem Blumenbeet bleibst du stehen. Viele Blütenkelche sind noch geschlossen. Zarte Düfte steigen in deine Nase. Du schließt die Augen und wartest.

Vogelgezwitscher kündet vom Aufgang der Sonne. Schon spürst du die ersten Sonnenstrahlen. Sie berühren zärtlich dein Gesicht. Deine Haut kribbelt wohlig, rote Flammen züngeln vor deinem Auge. Die Wärme breitet sich über deinen ganzen Körper aus. Behaglich räkelst du deine Arme und streckst sie der Sonne entgegen.

Dabei streift deine Haut etwas Behaartes. Verwundert blickst du dich um. Vor dir erhebt sich ein großer, grüner Stängel. Millionen feinster Härchen zittern im Sonnenlicht. Staunend hebst du deinen Kopf, wanderst mit den Augen von einem Blatt zum nächsten und erblickst ganz oben ein riesiges Gesicht, das der Sonne zugewandt ist.
Neugierig streckst du deine Hand aus. Deine Fingerkuppen berühren spitze Kerne, die sich zu einem Kreis wölben. Außen umschließen helle Blütenblätter kranzförmig den dunklen Kopf.

Die Sonnenblume wiegt ihre helle Mähne im Sonnenschein. Mit geballter Kraft wächst sie einen Sommer lang der Sonne entgegen. Sie lässt sie tagsüber nicht aus den Augen und saugt alle Strahlen gierig in sich ein. Nur abends nach Sonnenuntergang lässt sie ihr schweres Haupt sinken und träumt vom nächsten Morgen.

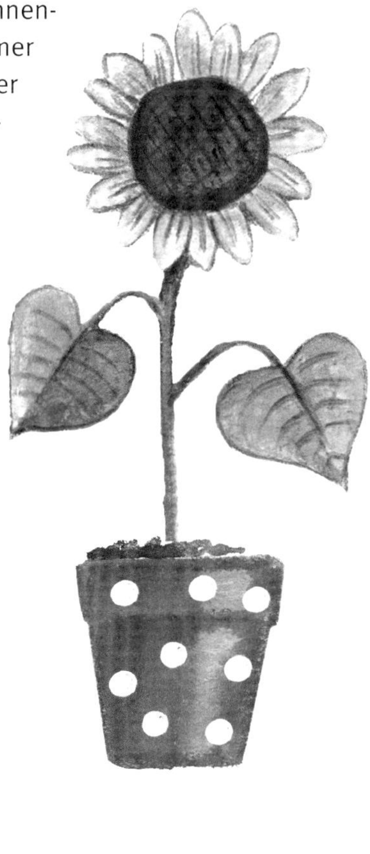

Auch deine Arme und Beine sind mittlerweile schwer geworden. Vielleicht fühlst du dich ein bisschen müde. Du bleibst noch einen Augenblick liegen und spürst die Kraft, die sich in deinem Körper angesammelt hat.
Sie kommt von oben, vom Licht. Gottes Antlitz wird auch morgen wieder über dir leuchten wie die Strahlen der Sonne. Jeden Tag aufs Neue.

Adler

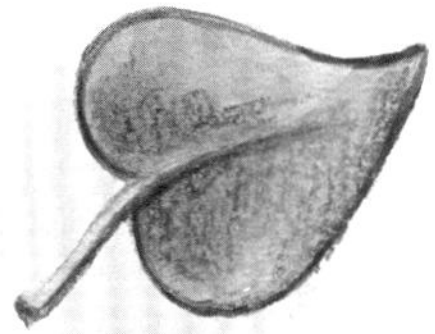

Entspannungsgeschichte

Thema Adler als Bild für Kraft und Zuversicht

Zeitbedarf ca. 3 Minuten

Inhalt Der Adler verkörpert die Majestät Gottes. Tina erhält durch die Begegnung mit diesem Greifvogel neue Kraft in einer Krisensituation und wird selbst „flügge".

Bibel-Hinweis

- „Gott schuf alle Arten von gefiederten Vögeln." *(aus Genesis 1,21)*
- „Die aber, die dem Herrn vertrauen, schöpfen neue Kraft, sie bekommen Flügel wie Adler. Sie laufen und werden nicht müde, sie gehen und werden nicht matt." *(Jesaja 40,31)*

Einsatzmöglichkeiten Zum Rückblick und Abschied eines Kindergartentages oder der Kindergartenzeit insgesamt; besonders zum Mitgeben für Eltern geeignet, wenn es auf dem Heimweg öfter zu Konflikten kommt (Prävention).

Vorschlag zur musikalischen Untermalung Begleit-CD Nr. 15 („Segen")

Impulse zur Vertiefung

- bei einer Wanderung auf einem freien Feld Greifvögel beobachten
- verschiedene Federn sammeln und untersuchen
- den Adler als Wappentier entdecken – sich selbst ein Wappen entwerfen

„Schau mal, Tina, da oben, der große Vogel!", sagt Mama, als sie vom Kindergarten nach Hause gehen. Tina will nicht schauen, sie ist mürrisch. Heute ist kein guter Tag! Erst wollte Samira sie in der Puppenecke nicht mitspielen lassen, dann ist sie im Turnraum hingefallen. Und Mama trägt nicht mal ihre Tasche, obwohl sie doch gar keine Kraft mehr hat!

Die Mutter bleibt stehen. Sie stellt die Einkaufstüten ab und deutet mit dem Finger nach oben. Ganz automatisch folgt Tina ihm mit ihren Augen.
Da! Im blauen Himmel sieht sie den Vogel, wie er in weiten Kreisen durch die Luft gleitet. Seine großen Schwingen schimmern goldbraun im Sonnenlicht. Mal trägt ihn der Aufwind bis hoch in die Wolken hinein, dann stößt er wie ein Pfeil wieder nach unten. „Das ist bestimmt ein Adler!", ruft sie.
Mama zuckt mit den Schultern. „Auf jeden Fall ein Greifvogel. Wenn ich doch auch so schweben könnte!", seufzt sie.
„Ich kann das!", denkt Tina und breitet ihre Arme aus. Sie spürt den Wind, wie er sanft unter ihre Achseln fährt und ihre Arme anheben will. Er fühlt sich kühl und erfrischend an.

Tina rennt über die Wiese. Auf und ab schwingt sie ihre Arme. Sie wird immer schneller und springt dabei in die Höhe. Endlich löst sie sich vom Boden und wird selbst zu einem Adler.
Der Wind wuschelt durch ihre Haare – das ist ihr Gefieder. Wie der Vogel hoch über ihr, zieht sie Kreise und Achter durch das Gras. Für einen Sturzflug duckt

sie sich, legt ihre Arme an und zieht ihren Kopf ein. Ganz leicht fühlt sich Tina und voller Kraft.
„Ihii, ihii!" ahmt sie den fernen Schrei des Vogels nach und spürt den Wind in ihrem Mund, bis in ihre Brust hinein. Sie atmet ein und aus und merkt, wie sie schwerelos über die Wiese gleitet, immer höher in den Himmel hinauf bis zu den Wolken. Die Sonne bringt auch ihre prächtigen Flügel zum Funkeln.
Als Tina im hellen Licht blinzeln muss, schaut der Adler sie voller Stolz an. Jetzt fühlt sie sich gar nicht mehr müde und schlapp!

„He, du kleiner Wildvogel!", lacht Mama, „wir müssen doch nach Hause!" Tina fliegt noch einen großen Bogen, dann landet sie neben der Mutter. Sie kreist ein letztes Mal mit ihren Schultern, schüttelt ihre Arme und legt sie an ihren Körper an. Fröhlich läuft sie auf ihre Mutter zu und nimmt eine Einkaufstüte. „Ich helf dir beim Tragen! Jetzt habe ich wieder neue Kraft!", verkündet sie mit großer Entschlossenheit.

Fische

Fantasiereise

Thema Fische: Zusammenhalt unter Freunden, Geborgenheit in der Gemeinschaft der Fische (die auch symbolisch als Gemeinschaft der Christen zu verstehen ist)

Zeitbedarf ca. 5 Minuten

Inhalt Wir beobachten Fische im Aquarium, tauchen ein in die Unterwasserwelt und bestehen gemeinsam ein kleines Abenteuer.

Bibel-Hinweis

- „Gott schuf alle Arten von großen Seetieren und anderen Lebewesen, von denen das Wasser wimmelt.“ *(aus Genesis 1,21)*
- „Da ist das Meer, so groß und weit, darin ein Gewimmel ohne Zahl: kleine und große Tiere.“ *(Psalm 104,25)*

Einsatzmöglichkeiten Am besten im Sommer an einem heißen Tag zur „Erfrischung“ einbauen; in szenischer Umsetzung bzw. in Plakatform im Rahmen eines Kindergottesdienstes zum Thema „Wasser“ bzw. „Fische“.

Vorschlag zur musikalischen Untermalung

Begleit-CD Nr. 11 („Fische“)

Impulse zur Vertiefung

- ein Aquarium besuchen
- an einen See gehen und das Ufer erkunden
- Fische malen oder aus Glitzerfolie basteln
- „Fischer, Fischer, wie tief ist das Wasser“ spielen
- „Fischers Fritz fischt frische Fische ...“ aufsagen

Schaut mal, da vorne sind ganz viele Fische!“ – Deine Freunde laufen zu der großen Glasscheibe, vor der sich eine Menschentraube gebildet hat. Die Wände des Aquariums hallen von den Rufen der Zoobesucher wider. Alle bestaunen die bunten Fische, die gerade gefüttert werden.
Große und kleine Mäuler kämpfen um winzige Nahrungsteilchen, die durch das trübe Wasser langsam von oben nach unten sinken. Endlich hast auch du einen Platz ganz vorne ergattert und drückst deine Nase gegen die kalte Scheibe.

Vor deinen Augen wimmelt es von Flossentieren, die sich durch grüne Algen schlängeln. Scheinbar mühelos gleiten sie durchs Wasser, verschwinden hinter Steinen, um an einer anderen Stelle wieder aufzutauchen. Vergeblich versuchst du sie zu zählen. Sie ändern stets ihre Richtung und bewegen sich meist in Gruppen.

Da schwimmt ein kleiner Clownfisch vorbei. Sein leuchtendes Orange zieht dich in seinen Bann. „Du kriegst mich nicht!“, zwinkert er dir aus seinem gelben Auge schelmisch zu.

Na, dem werd' ich's zeigen!, denkst du, schließt die Augen und springst ins kühle Nass. Wo steckt nur dieser Angeber? Da taucht er plötzlich hinter einer Alge auf: „Hier bin ich, Menschenfisch!"
Jetzt musst du dich beeilen, damit er dir nicht entkommen kann. Du wedelst ein bisschen mit Armen und Beinen und schon schnellst du wie ein Pfeil nach vorne. Wasserbläschen erschweren die Sicht. Du ruderst gegen die Strömung. Dein Herz schlägt schneller. Wo kann er nur stecken?

Vielleicht hat er sich in eine Höhle zurückgezogen? Du nimmst Kurs auf einen grauen Felsen, gleitest durch eine schmale Öffnung und bist umgeben von schwarzer Nacht. Dir wird ein bisschen mulmig zumute, aber es gibt jetzt kein Zurück mehr. Lautlos gleitest du durch die Finsternis, auf der Suche nach dem Ausgang.

Plötzlich fühlst du dich umzingelt, dein Kopf stößt gegen ein Hindernis. Du möchtest ausweichen, aber neben dir bewegt sich etwas. „Hab keine Angst, wir führen dich hinaus!" – Eine vertraute Stimme dringt an dein Ohr. Du spürst, dass du nicht allein bist. Allmählich wird es immer heller. Hunderte Fische schwimmen vor, hinter und neben dir und weisen dir den Weg. In ihrer Mitte fühlst du dich geborgen. Noch einige Flossenschläge und schon habt ihr den Ausgang erreicht ...

„Wir gehen weiter, kommst du mit?" – Diese Stimme kennst du doch. Du schlägst deine Augen auf und siehst, dass deine Freunde bereits aufbrechen. Sie können es kaum erwarten, das Aquarium zu verlassen.
„He, wartet doch, ich komme mit!" Du rennst deinen Kameraden hinterher. Sie drehen sich um, nehmen dich in die Mitte und gemeinsam schwärmt ihr aus. Es macht Spaß, Teil einer Gruppe zu sein!

Wunder des Lebens

Fantasiereise

Thema	Der Mensch als Geschöpf Gottes oder vom Wunder des Lebens
Zeitbedarf	ca. 7 Minuten
Inhalt	Wir schlüpfen als Baby nochmals in Mamas Bauch, staunen über unsere Einzigartigkeit und freuen uns darüber, dass Gott uns so wunderbar geschaffen hat.
Bibel-Hinweis	▶ „Dann sprach Gott: Lasst uns Menschen machen als unser Abbild, uns ähnlich. Gott schuf also den Menschen als sein Abbild; als Abbild Gottes schuf er ihn. Als Mann und Frau schuf er sie." *(aus Genesis 1,26–27)* ▶ „Du hast mein Inneres geschaffen, mich gewoben im Schoß meiner Mutter. Ich danke dir, dass du mich so wunderbar gestaltet hast. Ich weiß: Staunenswert sind deine Werke. Als ich geformt wurde im Dunkeln, kunstvoll gewirkt in den Tiefen der Erde, waren meine Glieder dir nicht verborgen." *(Psalm 139,13–15)*

Einsatzmöglichkeiten
Jederzeit; aus aktuellem Anlass, z.B. wenn ein Kind ein Geschwisterchen bekommen hat; wenn die Kinder Fragen nach ihrer Herkunft stellen.

Vorschlag zur musikalischen Untermalung
Begleit-CD Nr. 12 („Wunder des Lebens“)

Impulse zur Vertiefung
- in Babyalben blättern oder Fotos mitbringen und erraten lassen („Wer bin ich?“)
- gemeinsam ein Aufklärungsbuch ansehen und besprechen
- mit Fingerfarben von allen Kindern Handabdrücke auf eine Stoffbahn machen
- Steckbriefe für ein „Gruppenbuch“ gestalten (auch als Rätsel zunächst ohne Namen)
- einen Talent-Wettbewerb durchführen (mehrere Disziplinen ausdenken)

„Stellt euch vor, ich bekomme ein Brüderchen! Linus steckt noch in Mamas Bauch, aber er wird bald rauskommen, sagt Mama.“ – Stolz verkündet Max diese Nachricht im Kindergarten. Alle drängen sich um ihn und geben ihre Kommentare ab:
„Das ist ja toll, dann hast du jemanden zum Fußballspielen“, ruft Tim.
„Quatsch“, widerspricht Jonas. „Zuerst plärrt er nächtelang, dann musst du dauernd auf ihn aufpassen und wenn er endlich laufen kann, bist du schon erwachsen.“
„Mein Bruder ist kein Döskopp, er lernt bestimmt schnell“, ärgert sich Max.

Frau Mielke versucht die Kinder zu beruhigen. „Kommt, wir schauen uns das Buch über die Babys an! Da ist alles ganz genau beschrieben."

Das Thema beschäftigt dich so sehr, dass du Mama am Nachmittag mit Fragen löcherst. „War ich auch mal in deinem Bauch?" – „Natürlich und am Schluss hast du mich ganz schön geboxt. Warte, ich hole das Fotoalbum, dann kann ich es dir beweisen!"
Ihr kuschelt euch aufs Sofa und betrachtet gemeinsam die Aufnahmen. „Wo genau befinden sich denn die Babys?" Mama legt deine Hand auf ihren Bauch: „Zuerst da oben und kurz vor der Geburt rutschen die meisten mit dem Kopf voraus ins Becken."
„Können Babys im Bauch sehen?" – „Zuerst sind die Augen geschlossen, weil sie ja im Fruchtwasser schwimmen. Richtig sehen lernen sie erst nach der Geburt."
Du schließt deine Augen und legst deinen Kopf auf Mamas Oberkörper.

„Was kannst du jetzt hören?", fragt Mama
„Dein Herz, es schlägt ganz gleichmäßig." Du rutschst ein bisschen weiter nach unten. „Jetzt höre ich, wie dein Magen grummelt."
Mama streicht über deinen Kopf. Das ist schön! Am liebsten wärst du noch einmal ein Baby. Du würdest in Mamas Bauch schwimmen, mit der Nabelschnur spielen, am Daumen lutschen und niemand könnte dich dort stören.

Deine kleine Schwester streckt ihren Kopf zur Tür herein. „Was macht ihr denn da für ein komisches Spiel?"
„Wir schauen uns Babyfotos an. Komm doch auch her!", sagt Mama. Schon sitzt Tina neben Mama und zeigt auf ein Bild. „Schau mal, du hast schon immer Segelohren gehabt." Das war ja klar, dass sie wieder lästern musste.
„Aber Tina, schäm dich!", tadelt Mama.

Du streckst ihr die Zunge heraus. Dass man sich über deine Ohren lustig macht, bist du schon gewöhnt. Aber es schmerzt immer wieder. „Warum hab ich denn so große Ohren bekommen, Mama?"
„Damit du besser hören kannst", brummt Mama mit tiefer Stimme. „Nein, Spaß beiseite. Ich finde deine Ohren sehr schön. Der liebe Gott hat für jeden Menschen passende Ohren ausgewählt. Deine funktionieren ausgezeichnet und du bist sehr musikalisch. Wenn dich die Form stört, lässt du einfach deine Haare drüber wachsen. Gott hat dich ja mit einer wahren Lockenpracht gesegnet."
„Du hast braune Locken, meine sind blond – ätsch!", sagt Tina stolz. Mama meint: „Ich finde, ihr könnt beide sehr zufrieden sein. Ich bin dem lieben Gott jedenfalls sehr dankbar, dass er mir zwei so prächtige, kerngesunde Kinder geschenkt hat."
„Bin ich auch musimalisch?", fragt Tina.
Mama lacht: „Das wird sich zeigen. Auf alle Fälle kannst du ganz tolle Bilder malen. Das ist dein großes Talent." – „Und Nudelberge verdrücken", fügt Tina hinzu.
Jetzt musst auch du lachen. Man kann kleinen Schwestern einfach nicht böse sein.

Max kommt erst am übernächsten Tag wieder in den Kindergarten. Er wirkt ganz niedergeschlagen. „Was ist denn mit dir los?", fragt Frau Mielke.
„Es hat nicht geklappt mit dem Bruder. Aus Linus ist eine kleine Lina geworden. Sie ist immer noch bei Mama im Krankenhaus. Alles dreht sich nur um sie." Zornig kickt er einen Ball in die Ecke.
Du legst tröstend deinen Arm um Max: „Das kenne ich, kleine Mädchen werden immer verhätschelt. Aber es ist trotzdem schön, eine Schwester zu haben. Vielleicht wird sie sogar Fußballspielerin? Dann bist du ihr erster Trainer. Der liebe Gott hat sich sicher etwas dabei gedacht."

Atmen

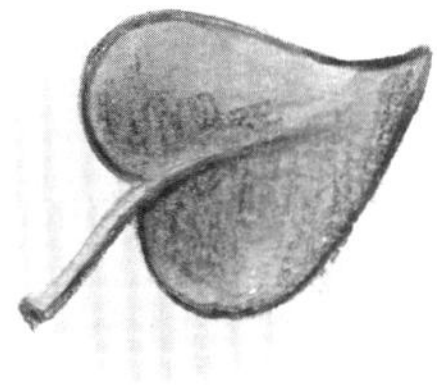

Entspannungsgeschichte

Thema	Atem, Bewusstheit des eigenen Selbst, Atem als Geist Gottes
Zeitbedarf	ca. 5 Minuten
Inhalt	Tina erfährt beim Versteckspiel, wie wichtig das Atmen für das Leben ist.
Bibelstellen	▶ „Da formte Gott der Herr, den Menschen aus Erde vom Ackerboden und blies in seine Nase den Lebensatem. So wurde der Mensch zu einem lebendigen Wesen.“ *(Genesis 2,7)*
Einsatzmöglichkeiten	Nach der Pause oder dem Sport, bei Geburtstagsfesten oder Adventsfeiern in der Gruppe, im Herbst/Winter nach einer Wanderung, bei der die Atemwölkchen wahrgenommen wurden
 **Vorschlag zur musikalischen Untermalung**	Begleit-CD Nr. 13 („Atmen“)

Impulse zur Vertiefung: gezielte Atemübungen: auf einem Blatt den Atemrhythmus nachzeichnen, Kerzen auspusten (z.B. Geburtstagstorte oder Adventskranz), Watteflöckchen-Wettspiel, mit Strohhalmen im Wasserglas blubbern, Luftballon- und Seifenblasenspiele, Spiegel anhauchen und Bilder malen, Pustebilder mit Strohhalmen und Wasserfarben, Experimente mit Luft

10 ... 9 ... 8 ..." Aus ihrem Versteck in der Garderobe hört Tina ihre Freundin langsam rückwärts zählen. Hinter dem braunen, wolligen Mantel hat sich Tina zu einer Brezel zusammengekauert: Ihre Arme umschlingen die Beine und ziehen sie fest an ihren Körper. Ihr Rücken ist rund. Das Gesicht hat Tina auf ihre Knie gepresst. In dieser dunklen, warmen Höhle entdeckt sie bestimmt niemand.

Tina ist noch ganz aus der Puste von der hektischen Suche nach einem geeigneten Versteck. Ihr Herz klopft laut. Hoffentlich kann man das nicht hören! Tina versucht gleichmäßig zu atmen, damit ihr heftiges Schnaufen sie nicht verrät.

Das ist gar nicht so einfach. Tief zieht sie die Luft durch die Nase ein und lässt sie durch den Mund langsam hinausströmen, bis sich ihre Lunge leer anfühlt. Beim nächsten Atemholen füllt sich ihr Brustkorb wieder und wird weit. Diesen Rat hat ihr Mama gegeben, als sie nach einem Wettrennen schlimmes Seitenstechen hatte. Tina zählt beim Ausatmen mit: Wie lange kann sie die Luft aus sich herausströmen lassen? 1 ... 2 ... 3 ...

Beim nächsten Atemzug schafft sie es schon länger: 1 ... 2 ... 3 ... 4 ...

Tina merkt, wie ihr Atmen ruhiger wird. Atmen kann man ganz von selbst, man muss gar nicht darüber nachdenken, überlegt sie sich. Das hat der liebe Gott gut eingerichtet, denkt sie. Wenn man mal das Atmen vergessen würde, könnte man nicht leben!

Während sie in ihrem Versteck wartet, macht sie gleich noch ein paar Experimente mit ihrem Atem. Zuerst hält sie die Luft an. Das ist wichtig für das Tauchen im Schwimmbad. 1 ... 2 ... 3 ... 4 ...
Die Luft ist in ihrer Brust eingesperrt und will ausbrechen, das spürt Tina genau. Sie kribbelt in ihrem Kopf herum und versucht sich durch alle Öffnungen zu drücken, sogar durch ihre Ohren. Aber Tina lässt sie nicht heraus.
Als sie bei 12 angekommen ist, kitzelt eine Wollfluse an ihrer Nase. Diese Gelegenheit lässt sich die Luft nicht nehmen und huscht mit einem schnellen Ausatmen davon.
„Jetzt bloß nicht niesen!", denkt sich Tina. Sie wackelt mit der Nasenspitze nach links und nach rechts, nach oben und nach unten. Das hilft!
Wieder fängt sie die Luft ein. Diesmal schickt Tina sie bis hinunter in den Bauch. Beim Einatmen wölbt er sich nach außen, beim Ausatmen wird er flach. Ob man auch bis zu den Zehen atmen kann? Tina konzentriert sich und spürt, wie sich die kleinen Sauerstoffbläschen ihren Weg durch ihren Körper bahnen.

Doch als Tina die Luft gerade auch zu ihren Fingern schicken will, fühlt sie, wie eine Hand sie durch den Mantelstoff ertastet. Im nächsten Moment wird er von ihr weggezogen. Helles Licht und frische Luft strömt in Tinas Versteck.
„Hier bist du ja!", ruft Luisa. Sie pustet ihrer Freundin lachend eine Haarsträhne aus dem Gesicht.
Tina ist erleichtert. Sie steht auf und streckt ihre Arme. Dabei atmet sie tief ein und aus. Es war doch ganz schön stickig unter dem Mantel!
„Komm wir gehen raus in den Garten, ich zeig dir mal meinen Atem!", ruft sie. Luisa wundert sich: „Aber draußen ist es doch so kalt!" – „Genau deswegen!", erklärt Tina und zieht schon ihren Anorak an. Als sie wenig später an der kalten Luft sind, schickt Tina ein paar Atemwolken in den Himmel. „Danke, lieber Gott!", flüstert sie dabei.

Sterben und Auferstehen

Fantasiereise

Thema Die Vergänglichkeit des Lebens und die Hoffnung auf ein Weiterleben im Paradies

Zeitbedarf ca. 6 Minuten

Inhalt Wir sitzen am Sterbebett von Opa, beerdigen einen toten Vogel, erfahren etwas über das Paradies und nehmen Abschied von einem geliebten Menschen.

Bibelstellen

- „Am siebten Tag vollendete Gott das Werk, das er geschaffen hatte, und er ruhte am siebten Tag, nachdem er sein ganzes Werk vollbracht hatte.“ *(Genesis 2,2)*
- „Dann legte Gott, der Herr, in Eden, im Osten, einen Garten an und setzte dorthin den Menschen ... Gott der Herr, ließ aus dem Ackerboden allerlei Bäume wachsen, verlockend anzusehen und mit köstlichen Früchten ...“ *(aus Genesis 2,8–9)*
- „Du hast mich den Tiefen des Totenreichs entrissen. Denn groß ist über mir deine Huld.“ *(Psalm 86,13)*

Einsatzmöglichkeiten
Im Herbst zu Allerheiligen; bei einem Todesfall.

Vorschlag zur musikalischen Untermalung
Begleit-CD Nr. 14 („Sterben und Auferstehen“); außerdem: Trauermarsch (Marche funèbre) von *Peter I. Tschaikowski*

Impulse zur Vertiefung

- über eigene Erfahrungen mit dem Tod sprechen (auch von Haustieren)
- einen Stammbaum anlegen oder in Fotoalben blättern
- einen Friedhof besuchen
- nach Zeichen der Vergänglichkeit in der Natur suchen (z.B. welkes Laub)
- Bilder vom Paradies malen
- Kinderbücher zu diesem Thema vorlesen

„Opa wird nicht mehr aufwachen.“ Warum klingt Mamas Stimme so komisch? Und was bedeutet das? Opa liegt doch ganz friedlich in seinem Bett. Sein Kopf ruht auf dem weißen Kissen. Er hat die Augen geschlossen. Seine Nase ist blass und ein bisschen spitz. Darunter liegen die grauen Bartstoppeln, über die Oma immer geschimpft hat. Du magst sie gerne, weil es immer so doll piekst, wenn Opa dich zur Begrüßung hochhebt.

Ob du ihn rufen sollst? Vielleicht kann er dich ja hören? Es ist so merkwürdig still. Mama sitzt nur da und sagt kein Wort. Selbst die Wanduhr mit dem großen Pendel ist verstummt.
Dein Blick wandert zum Fenster. Der Apfelbaum hat fast alle Blätter verloren. Eine dünne Schneeschicht liegt auf dem Beet.

Dort hat Opa den ganzen Sommer über Unkraut gejätet, auf den Holzgriff seiner Harke gestützt, den geliebten Strohhut auf dem Kopf. Den hat er nicht hergegeben, so sehr du auch gebettelt hast. Stattdessen hat er dir Karamellbonbons in den Mund gesteckt. Er hat immer welche in seiner braunen Schürze. Sie kleben so herrlich in den Zahnlücken.
„Das Kind soll doch nicht so viel Süßes schlecken“, hat Oma gemeckert. „Die paar Bonbons werden schon nicht schaden und dass das Leben kein Zuckerschlecken ist, wirst du noch früh genug erfahren,“ hat Opa gebrummt.
Er und Oma sind oft unterschiedlicher Meinung, aber spätestens wenn Oma Kaffee und Kuchen serviert, schaut er sie ganz verliebt an: „Womit hab’ ich das verdient, Frieda?“
Oma ist nämlich die beste Köchin der Welt und ihr Apfelkuchen schmeckt himmlisch.

Nachbars Kater kommt regelmäßig zu Besuch, weil Opa ihm immer heimlich etwas zusteckt. Einmal hat der Kater einen toten Vogel angeschleppt. „Igitt!“, hat Oma gekreischt. Fast hätte sie ihre Tasse fallen lassen.
„Reg dich nicht auf, wir kümmern uns darum“, hat Opa gesagt. Als Oma das Geschirr hineingetragen hat, hat Opa einen Schuhkarton geholt. Du hast ihn mit Gras und Blumen gepolstert und dann hat Opa den toten Vogel ganz behutsam mit seinen Gartenhandschuhen hineingebettet. Er hat sogar ein Gebet für ihn gesprochen. Danach hat er mit seinem Spaten ein Grab unter

der Hecke ausgehoben. Dich hat dieser Plan etwas beunruhigt: „Fühlt sich der kleine Vogel da unten nicht eingesperrt?“
„Keine Sorge, wir begraben ja nur seinen Körper. Gott hat seine Seele schon zu sich gerufen. Er flattert jetzt in einem bunten Federkleid durchs Paradies.“
„Was ist das Paradies, Opa?“
„Ein wunderschöner Garten. Den hat Gott für uns Menschen angelegt. Unsere Vorfahren waren schon mal dort, aber sie mussten ihn verlassen. Seitdem sehnen wir uns alle danach. Dort gibt es keinen Streit, keine Krankheit und keine Sorgen. Menschen und Tiere leben friedlich zusammen. Jesus hat versprochen, dass Gott die guten Menschen nach dem Tod dort wieder aufnehmen wird. Hoffentlich darf ich das Paradies einmal mit eigenen Augen sehen!“
Während Opa diese rätselhaften Worte gesprochen hat, hat er den Karton in der Erde vergraben. Zuletzt habt ihr die Stelle mit einem kleinen Holzkreuz markiert.
Ob es stimmt, was Opa damals gesagt hat?

Ein leises Pochen schreckt dich auf. „Nanu, da hat gerade ein Vogel mit seinem Schnabel an die Scheibe geklopft“, wundert sich Mama, die auf einmal wieder sprechen kann.
Da fällt es dir wie Schuppen von den Augen. „Vielleicht war das der Paradiesvogel, der gekommen ist, um Opa den Weg zu zeigen? Er kommt doch ins Paradies, oder?“
Mama blickt dich verwundert an. Sie überlegt einen Augenblick, dann huscht ein Lächeln über ihren Mund. „Da kannst du ganz sicher sein.“
„Dann ist sein größter Wunsch in Erfüllung gegangen, Mama!“ Du strahlst Mama mit glänzenden Augen an.
„Du hast Recht, wir sollten nicht traurig sein, sondern dankbar für die Zeit, die er mit uns verbracht hat.“ Mama drückt einen Kuss auf Opas Stirn.
Du streichst ihm noch ein letztes Mal über die Bartstoppeln. Dann geht auch ihr nach Hause.

Friede

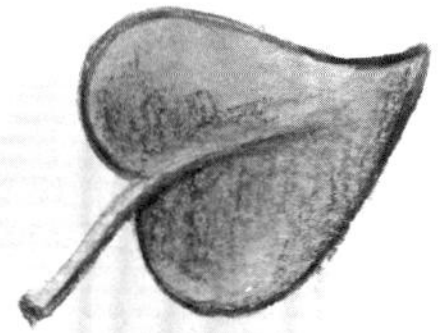

Entspannungsgeschichte

Thema	Frieden, Glück, heilige Momente
Zeitbedarf	ca. 5 Minuten
Inhalt	Für Tina erfüllt sich ein ganz besonderer Wunsch und sie erinnert sich an die schönen und friedlichen Augenblicke des Weihnachtsfestes, die ihr Mut schenken.
Bibel-Hinweis	▶ „Gott hatte sein ganzes Werk vollbracht und er ruhte sich aus." *(nach Genesis 2,2)*
Einsatzmöglichkeiten	Zum Wiedereinstieg nach den Weihnachtsfeiertagen
Vorschlag zur musikalischen Untermalung	Begleit-CD Nr. 8 („Sterne"); „Stille Nacht" (Instrumentale Gitarrenmusik) von *Thomas Battenstein*
Impulse zur Vertiefung	▶ KIM-Spiel mit kleinen Geschenk-Gegenständen („Was fehlt?") ▶ Weihnachtslieder-Chartliste ▶ Engelabdrücke im Schnee hinterlassen ▶ eine Weihnachtsduft-Erinnerungsbox basteln

CD: Nr. 8

Im Morgenkreis nach den Weihnachtsferien dürfen die Kinder erzählen, wie sie den Heiligen Abend erlebt und was sie alles geschenkt bekommen haben. Kevin ist ganz glücklich über seine neue Ritterburg. Bei Mia stand ein rosa Puppenwagen unter dem Christbaum. Leon war mit seinen neuen Skiern gleich eine Woche im Winterurlaub in den Bergen.

Tina hört ihren Freunden aufmerksam zu. Doch dann erscheint vor ihren Augen noch einmal das festlich geschmückte Wohnzimmer in ihrem Zuhause, das vom Kerzenlicht am Tannenbaum erleuchtet wird. Ungeduldig lauscht sie mit ihrem Bruder der Weihnachtsgeschichte, die der Vater vorliest. Sie erinnert sich an das Rascheln des Geschenkpapiers, das nach der Bescherung von der Mutter aufgeräumt wird. Der Duft von gebratenen Würstchen, Kinderpunsch und Zimtplätzchen zieht an ihrer Nase vorbei ... hmmm ...
Aber am schönsten findet Tina den Moment, als sie als Familie nach der Christmette nach Hause gehen. Mama und sie bleiben ein bisschen hinter den anderen zurück und laufen langsam durch den Schnee.

Endlich einmal eine weiße Weihnacht – das hatte sich Tina so sehr gewünscht! Bisher hatte sie nur in Geschichten oder Liedern davon gehört. Mama rollte immer mit den Augen, wenn sie eine bestimmte Melodie dazu im Radio hörte und drehte die Musik leiser. „Immer diese Weihnachtsschnulzen!“, hatte sie gemurrt. Als Tina wissen wollte, was das bedeute, hatte die Mutter geantwortet, dass sie manche Lieder einfach schon zu oft gehört habe.
Rechtzeitig vor dem Fest wirbelten plötzlich Schneeflocken durch die Luft. Erst nur ein paar, dann immer mehr, sodass man bald nur noch eine weiße Wand vor sich sah, wenn man aus dem Fenster blickte. Während Tina jubelnd in den Garten lief, ärgerte sich Papa, dass er nun im ganzen Weihnachtstrubel auch noch Schnee schippen musste.

Jetzt in der Heiligen Nacht sieht die Welt wie verzaubert aus. Außer dem Schnee, der unter den Stiefeln knirscht, ist kein Laut zu hören. Eine einzelne

Schneeflocke fällt ganz sacht auf Tinas Wimpern, sodass sie zwinkern muss. Aus den Fenstern der Häuser fällt hier und da ein heller Schein auf die Schneedecke. Wenn Tina dort hineintritt, wird ihr Fuß in goldenes Licht getaucht.
Vor der Haustür warten der Vater und der Bruder auf sie. Doch Mama zögert noch mit dem Hineingehen. „Lasst uns noch einen Augenblick draußen bleiben!“, schlägt sie vor. Erstaunt folgen ihr alle in den Garten. Still und unberührt liegt er vor ihnen.
Die Äste der Bäume und Sträucher sehen aus, als ob sie mit Zucker bestreut sind und die Pfähle des Gartenzauns haben kleine weiße Mützchen auf.
Tina legt sich in den Schnee, breitet ihre Arme aus und bewegt sie auf und ab. „Schau mal Mama, ein Engel war da!“, ruft sie glücklich, als sie wieder aufsteht. Mama nickt Tina freundlich zu, dann flüstert sie: Schau mal dort oben sind auch Engel – kannst du sie singen hören? Voller Staunen blickt die Familie in das Himmelszelt. Aus dem weiten, klaren Raum hört Tina von Ferne: „Stille Nacht, heilige Nacht ...“ Zuerst stimmt Mama leise das Lied an, dann singen die Kinder mit, zuletzt sogar Papa.
„Ich dachte, du magst diese Weihnachtslieder nicht mehr!“, fragt Tina ihre Mutter verwundert, als sie später hineingehen.
Mama lächelt in sich hinein: „Manchmal kann man Musik eben nur hören, wenn wir zur Ruhe kommen und Frieden in unsere Herzen lassen.“

„Tina! Du bist an der Reihe mit dem Erzählen!“ – Anna zupft ihre Freundin am Pullover. Tina zuckt zusammen. Sie hat nicht mehr aufgepasst und weiß gar nicht, was sie sagen soll. Doch dann steht sie auf und stellt sich aufrecht in den Kreis. Ein bisschen mulmig ist ihr schon, als sie mit fester Stimme sagt: „Am schönsten an Weihnachten war, dass wir ganz viel gesungen haben. Mein Lieblingslied war „Stille Nacht!“ Zuerst singt Tina ganz allein. Frau Mielke staunt und die Kinder kichern noch ein bisschen, aber dann kommen immer mehr Stimmen dazu ...

Segen

Fantasiereise

Thema	Vollendung eines Werks, Kreativität, Zusammengehörigkeitsgefühl, Lebensfreude, Gottes Segen
Zeitbedarf	ca. 7 Minuten
Inhalt	Wir bauen eine Sandburg, sind stolz auf unser Gemeinschaftswerk und genießen das Leben in der Familie.
Bibelstellen	▶ „Gott sah alles an, was er gemacht hatte: Es war sehr gut.“ *(Genesis 1,31)* ▶ „Am siebten Tag vollendete Gott das Werk, das er geschaffen hatte, und er ruhte am siebten Tag, nachdem er sein ganzes Werk vollbracht hatte. Und Gott segnete den siebten Tag und erklärte ihn für heilig; denn an ihm ruhte Gott, nachdem er das ganze Werk der Schöpfung vollendet hatte.“ *(Genesis 2,2–3)* ▶ „Lass das Werk unserer Hände gedeihen, ja, lass gedeihen das Werk unsrer Hände!“ *(Psalm 90,17)*
Einsatzmöglichkeiten	Kurz vor oder in den Sommerferien, z.B. beim Sommerfest im Kindergarten oder im Rahmen einer Ferienbetreuung; als Abschluss einer Einheit zur Schöpfungsgeschichte oder als Einlage bei einem Kindergottesdienst im Sommer

Vorschlag zur musikalischen Untermalung

Begleit-CD Nr. 15 („Segen“); außerdem: Ausschnitte aus der „Schöpfung“ von *Joseph Haydn*

Impulse zur Vertiefung

- Sandburgen bauen auch in Form eines Wettbewerbs (z.B. pro Familie eine)
- sich (im Sandkasten) einbuddeln lassen
- Schätze im Sand vergraben und suchen lassen
- verschiedene Sandproben untersuchen
- über die Entstehung von Sand sprechen (Thema „Meer und Küste“)
- Sandbilder herstellen (mit Kleber Umrisse „vormalen“)
- Segenstexte für Kinder vorlesen, nachsprechen und mit Gesten unterstreichen

Komm her, ich möchte dich eincremen!“ Widerwillig lässt du dich vor deinem Vater aufs Handtuch fallen. Er träufelt ein bisschen Creme auf deinen Rücken. Hu, das ist kalt und kitzelt! Dann streichen seine großen Hände über deine Haut. Mit gleichmäßigen Bewegungen massieren sie die Sonnenmilch ein. Du genießt die sanfte Berührung. Entspannt schließt du die Augen. Jetzt hörst du nur noch das Rauschen der Wellen in der Ferne. Deine Zehenspitzen bohren sich in den heißen Sand.

„Na, wollen wir zwei jetzt eine Sandburg bauen?“ Das lässt du dir nicht zweimal sagen. Du springst auf die Beine, packst Eimer und Schaufel und folgst deinem Vater in Richtung Meer. An einer geeigneten Stelle beginnst du zu schaufeln. Der nasse Sand ist ganz schön schwer!

„Lass mich das machen, du bist der Baumeister." Papa hat Recht, das geht viel leichter. Du brauchst seine Sandhaufen nur zusammenzudrücken und schon wachsen vier Mauern in die Höhe. Nun formst du mit deinen Händen kleine Quadrate und setzt sie vorsichtig auf die Oberkante. Jetzt noch ein bisschen andrücken und fertig sind die Zinnen.
Die Ecken hast du absichtlich freigelassen. Du füllst deinen Eimer mit pappigem Sand, klopfst ihn mit der Schaufel platt und stürzt ihn dann auf eine Ecke. Juhu, es hat geklappt! Der erste Turm ist perfekt. Das wiederholst du noch dreimal und schon ist deine Festung nach allen Seiten hin geschützt.

Erschöpft, aber stolz wischst du dir den Schweiß von der Stirn. Wie gut, dass heute eine frische Brise weht!
„Darf ich mitmachen?" Das war ja klar, dass deine kleine Schwester anrücken würde. Immer wenn du mit Papa alleine spielen willst, muss sie sich dazwischendrängen.
„Aber natürlich, Schätzchen. Nimm den Eimer und sammle ein paar Muscheln zur Verzierung, wir legen inzwischen einen Wassergraben an." – Papa ist einfach schlau.
Jetzt können wir beide ungestört weitergraben. Mit bloßen Händen baggerst du einen Kanal aus und leitest das Wasser bis zur Burg. Leider versickert es viel zu schnell, aber dafür wird die Burg nicht geflutet.

„Guckt mal, was ich gefunden habe", stolz zeigt Tina ihre Schätze her. Zu zweit drückt ihr Muschel für Muschel in die feuchte Burgmauer.
„Ich hab sogar noch Fahnen besorgt." Tina zaubert vier bunte Glitzerpuschel hervor, mit denen Mario, der freundliche Kellner, die Eisbecher dekoriert. Tina steckt auf jeden Turm eine Fahne. „Der gelbe Turm gehört mir, dort kann ich Rapunzel spielen und mein Haar im Wind flattern lassen. Mama wohnt neben mir in dem Turm mit der roten Fahne. Du wohnst im blauen Turm und Papa in dem mit der grünen Fahne", erklärt sie mit energischer Stimme.
„Also mir gefällt mein neues Zuhause", lacht Papa.

„Mir auch“, sagt eine helle Stimme. – Mama hat sich still und heimlich von hinten angeschlichen. „Und wer hat dieses Bauwerk in so kurzer Zeit errichtet?“
„Alle haben mitgeholfen. Da staunst du, was?“, sagt Papa und verschränkt die Arme vor der Brust.
„Ich bin beeindruckt. Es ist sehr gut geworden!“ Mama gibt Papa einen Kuss und schlingt die Arme um ihre Lieben.

Wie verzaubert bleibt ihr noch einen Moment stehen. Die Türme glitzern in den letzten Sonnenstrahlen. Das Meer rauscht leise und gleichmäßig. Eine einsame Möwe fliegt kreischend über den Strand und verschwindet hinter einer großen rosa Wolke. Ganz oben am Horizont blinkt schon der erste Stern. Das Leben kann manchmal so schön sein. Genieße diese Momente des Glücks!

Literatur

Adams, Stefan: Neue Fantasiereisen. Entspannende Übungen für Jugendarbeit und Erwachsenenbildung. München: Don Bosco Verlag, 6. Aufl. 2010.

Bläsius, Jutta: 3 Minuten Entspannung. Übungen für zwischendurch in Kita und Schule. München: Don Bosco, 2. Aufl. 2010.

Bodian, Stephan: Meditation für Dummies. Weinheim: Wiley-VCH Verlag, 2. Aufl. 2007.

Friebel, Volker/ Friedrich, Sabine: Entspannung für Kinder. Hamburg: Rowohlt Verlag, 2. Aufl. 2004.

Hintersberger, Benedikta: Mit Jugendlichen meditieren. Methoden, Einstiege, Texte. München: Don Bosco Verlag, 5. Aufl. 1991.

Lindgren, Astrid: Das entschwundene Land. Hamburg: Oetinger 1994.

Müller, Else: Du spürst unter deinen Füßen das Gras. Autogenes Training in Phantasie- und Märchenreisen. Frankfurt a. M.: Fischer, 27. Aufl. 2010.

Oser, Fritz: Der Aufbau der Gottesbeziehung in der (frühen) Grundschule. In: Schweitzer, Friedrich/ Faust-Siehl, Gabriele (Hrsg.): Religion in der Grundschule. Religiöse und moralische Erziehung. Frankfurt a.M.: Arbeitskreis Grundschule 1994.

Rodari, Gianni: Grammatik der Phantasie. Die Kunst, Geschichten zu erfinden. Leipzig: Reclam, 3. Aufl. 2005.

Walter, Rudolf (Hrsg.): Gelassenwerden. Freiburg: Herder, 2. Aufl. 1996.

Die Autorinnen

Bettina Herrmann engagierte sich nach dem Studium der Literaturwissenschaften über Jahre in ihrer Kirchengemeinde in verschiedenen Kindergruppen. Die Mutter und Pflegemutter von vier Kindern vertieft ihre sonderpädagogische Qualifikation gegenwärtig in einem weiteren Studium an der LMU München. Sie lebt mit ihrer Familie bei Augsburg.

Sybille Wittmann ist als Gymnasiallehrerin für Deutsch und Französisch tätig. In ihrer Gemeinde hat sie jahrelang Kinder während des Gottesdienstes betreut und sich als Kommunion- und Firmmutter engagiert. Die Autorin und Mutter von drei Kindern lebt bei Augsburg.

→ ab 4 Jahren

Die Schöpfungsgeschichte

Genesis 1–2

Instrumente zur Klanggeschichte

Am Anfang
Rührtrommel

Es wurde Licht
Triangel

Erster Tag bis siebter Tag
Pauke entsprechend häufig mit dem Schlägel schlagen

Gott schuf den Himmel
Oceandrum

Gott schuf das Land
Tamburin mit der flachen Hand mehrmals schlagen

Gott ließ Pflanzen und Bäume mit Samen und Früchten wachsen
mehrere Rasseln

Gott schuf Sonne, Mond und Sterne
mehrere Fingercymbeln akzentuiert zum Klingen bringen

Gott schuf die Tiere im Wasser und die Vögel
Regenmacher

Gott schuf die Tiere auf dem Land
Klangfrosch

Klanghölzer

Holzblocktrommel

Gott schuf den Menschen
Schellenkranz

Gott segnete den siebten Tag
Becken 1× schlagen

Die Schöpfungsgeschichte

Am Anfang schuf Gott Himmel und Erde. Die Erde aber war wüst und wirr. Es war sehr dunkel.	*Rührtrommel*
Gott sprach: Es werde Licht. Und es wurde Licht.	*Triangel*
Gott sah, dass das Licht gut war. Und Gott unterschied das Licht von der Dunkelheit. Er nannte das Licht Tag und die Dunkelheit nannte er Nacht.	
Es wurde Abend und es wurde Morgen: erster Tag.	*Pauke 1× mit dem Schlägel schlagen*
Am nächsten Tag sprach Gott: Ein Gewölbe soll über dem Wasser entstehen. Es soll Wasser auf der Erde sein und es soll Wasser über dem Gewölbe in den Wolken sein. Gott nannte das Gewölbe Himmel.	*Oceandrum*
Gott sah, dass der Himmel gut war.	
Es wurde Abend und es wurde Morgen: zweiter Tag.	*Pauke 2× mit dem Schlägel schlagen*
Am nächsten Tag sprach Gott: Das Wasser soll sich an einem Ort versammeln, damit es an anderen Orten trocken werden kann. Und Gott nannte das Wasser Meer. Das Trockene nannte er Land.	*Tamburin mit der flachen Hand mehrmals schlagen*
Gott sah, dass das Meer und das Land gut waren. Dann sprach Gott: Auf dem Land soll junges Grün wachsen. Alle Arten von Pflanzen sollen wachsen mit Samen darin und alle Arten von Bäumen mit Früchten daran.	*mehrere Rasseln*
Gott sah, dass die Pflanzen und Bäume gut waren.	

Leseprobe aus: „Bibelklanggeschichten“ von Wilma Osuji

Es wurde Abend und es wurde Morgen: dritter Tag.

Pauke 3× mit dem Schlägel schlagen

Am nächsten Tag sprach Gott: Lichter sollen am Himmel sein und den Tag von der Nacht unterscheiden. Sie sollen Zeichen sein, um die Festzeiten, die Tage und die Jahre zu bestimmen. Die Lichter sollen über die Erde hin leuchten. Gott schuf die Sonne, die über den Tag herrscht und für die Nacht schuf er den Mond und die Sterne.

mehrere Fingercymbeln akzentuiert zum Klingen bringen

Gott sah, dass Sonne, Mond und Sterne gut waren.

Es wurde Abend und es wurde Morgen: vierter Tag.

Pauke 4× mit dem Schlägel schlagen

Am nächsten Tag sprach Gott: Im Wasser soll es wimmeln von Lebewesen und am Himmel sollen Vögel fliegen. Und Gott schuf kleine Fische und große Seetiere und andere Lebewesen, von denen das Wasser wimmelt und alle Arten von gefiederten Vögeln.

Regenmacher

Gott sah, dass es gut war.

Gott segnete die Tiere im Wasser und die Tiere in der Luft und sprach: Seid fruchtbar und vermehrt euch.

Es wurde Abend und es wurde Morgen: fünfter Tag.

Pauke 5× mit dem Schlägel schlagen

Am nächsten Tag sprach Gott: Auf dem Land sollen alle Arten von lebendigen Wesen leben. Und Gott machte alle Arten von Vieh, Kriechtieren und Tieren des Feldes.

Klangfrosch, Klanghölzer, Holzblocktrommel

Gott sah, dass die Tiere gut waren.

Dann sprach Gott: Lasst uns Menschen machen als unser Abbild; sie sollen uns ähnlich sein. Sie sollen über die Fische im Meer herrschen, über die Vögel am Himmel, über das Vieh, über die ganze Erde und über alle Kriechtiere auf dem Land. Gott schuf also den Menschen als sein Abbild. Er schuf den Mann und er schuf die Frau.

Schellenkranz

Und Gott sah, dass die Menschen gut waren.

Gott segnete die Menschen und sagte zu ihnen: Seid fruchtbar und vermehrt euch. Ihr sollt auf der Erde leben und über die Fische im Meer, die Vögel in der Luft und die Tiere auf dem Land herrschen. Ich schenke euch alle Pflanzen mit ihren Samen und alle Bäume mit ihren Früchten, damit ihr sie essen könnt. Den Vögeln und allen Tieren auf der Erde schenke ich die grünen Pflanzen, damit auch sie immer genug zu essen haben. So geschah es. Gott sah sich alles an, was er gemacht hatte: Es war sehr gut.

Pauke 6× mit dem Schlägel schlagen

Es wurde Abend und es wurde Morgen: sechster Tag.

Am nächsten Tag ruhte sich Gott aus, nachdem er alles geschaffen hatte. Die Schöpfung war nun vollendet. Gott erklärte den siebten Tag für heilig und er segnete den Tag.

Becken 1× schlagen

Pauke 7× mit dem Schlägel schlagen

Es wurde Abend und es wurde Morgen: siebter Tag.

Das ist die Geschichte von Himmel und Erde, als sie erschaffen wurden.

Gestaltungsidee: Wandbehang „Gottes Schöpfung“

Anzahl der Kinder
unbegrenzt

Material
ein weißes Leinenbettlaken, Abtönfarbe, Schwämme, Pinsel, reißfestes Papier, Scheren, Sicherheitsnadeln

Ablauf

- Die jüngeren Kinder gestalten mit Schwammdruck auf dem Leinenbettlaken Wasser, Land und Himmel und die älteren Kinder malen Pflanzen, Bäume, Sonne, Mond, Sterne, Tiere und Menschen mit Abtönfarbe und Pinsel auf reißfestes Papier, schneiden sie aus und befestigen sie mit Sicherheitsnadeln an dem Laken.
- Das Leinenbettlaken wird so nach und nach gestaltet, bis am Ende ein Wandbehang entstanden ist, der in der Kita oder auch in einem Kirchenraum aufgehängt werden kann.

Wilma Osuji
Bibel-Klanggeschichten
88 Seiten, kartoniert, s/w-Illustrationen, inkl. Musik-CD
ISBN 978-3-7698-1893-2

In diesem Buch dreht sich alles um biblische Figuren und Geschichten, die von den Kindern mit Orff-Instrumenten umgesetzt werden.

Neue Bibel-Bildkartensets

Kamishibai-Bildkartenset
„David und Goliat“
EAN 426017951 068 7

Kamishibai-Bildkartenset
„Gott schenkt seinen Geist“
EAN 426017951 066 3

Kamishibai-Bildkartenset
„Der verlorene Sohn“
EAN 426017951 067 0

Kamishibai-Bildkartenset
„Der Kreuzweg Jesu“
EAN 426017951 065 6

Zur beiliegenden Musik-CD

Nr.	Songtitel	Zeit
1	Glühwürmchen	4:39
2	Tag und Nacht	5:53
3	Ölbaum	3:45
4	Steine und Erde	3:31
5	Regen	4:09
6	Wolke	4:36
7	Rose	3:46
8	Sterne	4:18
9	Mond	5:31
10	Sonnenblume	3:52
11	Fische	4:54
12	Wunder des Lebens	6:01
13	Atmen	5:18
14	Sterben und Auferstehen	5:16
15	Segen	6:47
	Gesamtspielzeit	*72:25*

Komposition und Tontechnik: Nikolas Herrmann, Pierpaolo Brucoli
Arrangement und Gesamtleitung: Michael Herrmann